CINCO CONSEJOS PARA LA VIDA

J. LALLEMANT

endología

Título original:
CINCO CONSEJOS PARA LA VIDA

Derechos de Autor
© 2017 J. Lallemant
Bogotá D.C., Colombia

Cubierta: Brenkee (pixabay)

Primera edición
ISBN: **978-1545142646**

Bogotá D.C., Colombia
2017

El texto original de este libro se escribió en un lapso de veinticuatro horas, sin ningún tipo de planeación previa, en forma súbita, justo al llegar al centro del vacío; esto prueba que la vida es inteligente, esto prueba que en la vida hay magia.

Índice

Prefacio

Este libro fue escrito desde una perspectiva muy humana, tan humana, que a veces pareciera aislarse de una noción espiritual o de una generación divina; pero no hay tal, nada más alejado de ello porque, en el hecho de saberse tan humano, al adentrarse tan al interior de sí mismo, realmente se conecta con lo que realmente es uno, y uno es «ello», «lo divino»; por tanto, al uno mismo abordarse desde una dimensión tan humana, realmente lo hace desde una dimensión absolutamente espiritual, de lo que uno es verdaderamente, es decir: un alma viviendo una experiencia voluntariamente aceptada y planeada para nuestro propio avance, para nuestro propio despertar, para la expansión de nuestra propia conciencia.

Este libro fue escrito desde una perspectiva muy práctica; desde la perspectiva de quien abre los ojos y se encuentra con la dinámica compleja de la vida, pero que, sin necesidad de recurrir a complicadas explaciones, encuentra una explicación en lo simple; pero en esa simpleza hay también una profundidad expansiva.

Este libro fue escrito desde la perspectiva de quien tiene la inocencia de un niño, pero que aún así, busca cómo explicar cada cosa, y desde ese punto de vista es hermoso. Un niño no tiene creencias, un niño no tiene una jerarquía creacional, no tiene dogmas; un niño realmente no sabe mucho, pero llega a la verdad más plena a partir de lo que sucede, a partir de lo que experimenta, porque descubre la verdad divina vibrando en la vida misma. Y es que no existe una diferencia entre lo divino y la vida en sí misma, ¡LO DIVINO ES LA VIDA MISMA! Lo divino es la vida palpitando y sucediendo. Lo divino es lo que hay aquí, en este instante. Y todo ello surge en forma espontánea. Lo divino no se planea a sí mismo, lo divino simplemente sucede a cada instante, «Es» a cada insante.

Es por ello, o en parte por ello, que, al hablar del surgimiento espontáneo de la vida, y del hecho de que la vida es libre en su movimiento –algo que se hará bastante común a lo largo de este libro–, no debe tomarse como la anulación o el aislamiento de una noción espiritual o de una generación divinal; todo lo contrario, es la ratificación más sencilla y portentosa de que todo es lo divino por cuanto reviste la propiedad más inalienable de los seres que la pusieron en marcha: la libertad. Es, en el ejercicio de esa libertad, que ellos crean las más diversas formas de experimentación; y esas formas de experimentación, a su vez, no sólo están impregnadas de esa libertad, e impregnadas de la libertad y espontaneidad del mismo fenómeno cosmogónicio, sino que representan una extensión de su propia experimentación.

Eso por una parte. Por otra parte, el objetivo de este libro no es hacer una exposición creacional, sino aproximarse a la vida como quien lo hace desnudo; y como quien mira a la vida de una forma desnuda, desde una perspectiva tan humana y tan próxima, con la inevitable consecuencia de que pueda hacerse absolutamente abarcativa y hacer posible la cesación del sufrimiento, o cuando menos contribuir a estar y vivir en paz, producto de ver la vida cara a cara, sin recurrir, para su comprensión, a ningún elemento explicativo más que los que la vida misma nos proporciona; lo cual no significa vivir sin ayudas, ni que uno esté sólo en la vida porque, como lo he indicado en algún momento, a la vez que uno se piensa sólo, todo el cielo está con uno.

INTRODUCCIÓN

El ser humano, por la misma condición de ser humano, por su capacidad intelectiva y emocional, no debiera sufrir y, así mismo, por su misma condición de ser humano, por su capacidad intelectiva y emocional, no debiera causar sufrimiento en ninguna criatura, en ninguna manifestación de la existencia.

Es verdad que la misma dinámica de la vida implica dolor, pero cuando se ha comprendido la esencia misma de la vida, muchos de los aspectos que originan ese dolor se disipan, desaparecen, y quedamos en absoluta serenidad, hallamos la paz, la serenidad, la belleza y la plenitud.

Cuando se comprende que la vida surge en forma «espontánea» y que, cuando ha llegado el momento de que surja, no se puede hacer nada para intentar reprimirla, pero que cuando ha llegado el momento de que se diluya no se puede hacer nada para retenerla, entonces también se comprende que no hay nadie a quien culpar y que la vida simplemente fluye, «sin leyes», en su libertad más absoluta[1], y que en ello radica su belleza y su pureza. Esto

---

[1] Nota posterior: La vida es lo divino experimentándose a sí mismo, y lo divino, en sí mismo, ha surgido espontáneamente, y fluye en libertad. No es que no existan leyes en los universos, pero lo divino esencialmente fluye en libertad, no al margen de esas leyes, pero sí desarrollándose endógenamente en libertad.

es lo que hay, y no hay aberración en ello, tanto si abre una flor como si se desintegra.

Cuando se comprende todo ello entonces una liberación va surgiendo en nuestra vida, en todo nuestro ser y se torna más serena, más dulce, sin el peso psicológico de los dramas que de vez en vez surgen, como una desilusión o una pérdida. No que alcancemos la felicidad pues, por un lado, como muchos la conciben, la felicidad está en el futuro y, si es así, entonces no la podemos alcanzar pues uno no puede vivir en el futuro, no puede atarse una cadena que lo ligue a él y que de continuo, en su inconformismo, busca nuevas alturas. Y, por otro lado, no puede reír legítimamente si por dentro sólo hay amargura. Primero remueve el dolor, el llanto, la amargura, entonces tu paz, tu dicha y tu risa serán legítimas.

Todo el mundo, o casi todo el mundo va en busca de la felicidad pero ¿qué es la felicidad? ¿No estaremos queriendo llegar al final sin comenzar por el principio? Buscar la felicidad es un error, no porque ella en sí misma resulte nociva, sino por el enfoque equivocado pues, en la búsqueda de la felicidad, no caemos en la cuenta de algo básico y esencial: que la felicidad no puede existir cuando hay sufrimiento. No debemos buscar la felicidad, debemos buscar la manera de no sufrir, la causa del sufrimiento; cuando el ser humano no sufre, fruto de la comprensión de la esencia misma de la vida, entonces entra en un estado de paz, de reposo, de serenidad y de plenitud que le permite hallarla y experimentarla. Ello no es la felicidad como usualmente se la concibe, pero, a falta de ella, es lo más próximo, lo que le confiere belleza, lo que nos hace ser conscientes de que existe magia en la vida. Buscar la felicidad, o mejor, la plenitud, sin primero eliminar el dolor y todo aquello que amarga nuestra vida es como plantar una flor en medio de la maleza, entonces no habrá belleza y la maleza terminará por sofocar y devorar la flor; es como querer recibir la graduación sin primero cursar las asignaturas y realizar el aprendizaje. Pero no es la graduación la que nos conduce al aprendizaje, sino es el aprendizaje el que nos conduce a la graduación. De este mismo modo, no es la plenitud la que remueve nuestro sufrimiento, sino que es la remoción de nuestro sufrimiento lo que nos confiere paz, tranquilidad, reposo y un estado de plenitud consciente y constante que ilumina nuestra vida y que es como un florecer.

De otro modo, si un dolor no está resuelto, tarde que temprano reclamará su espacio y volverá a reaparecer y no nos permitirá tener una vida tranquila, alcanzar la plenitud. Sin embargo, cuando el dolor se disuelve, cuando no puede haber espacio ninguno para él, entonces la paz y la serenidad surgen en forma espontánea, como un florecer, y todo nuestro ser queda como un pozo tranquilo, en plenitud constante. Y de eso se trata este libro, de provocar las comprensiones suficientes para, en principio, minimizar el dolor y el sufrimiento y, en un postrer estadio, inclusive, llegar a eliminar todo tipo de dolor emocional, todo tipo de dolor psicológico y, por extensión y en la medida de lo posible, el dolor físico.

Y en ese proceso comprensivo resultan de vital importancia algunos aspectos capitales que nos ayudan a avanzar hacia otras comprensiones, mismas que nos han de llevar a otras al punto de provocar un cambio en nuestro ser, en nuestra visión del mundo y de la vida. Para ello nos resultará de invaluable utilidad la comprensión y aplicación en nuestra vida de los cinco consejos de que trata este libro y que no son otra cosa que un conjunto de comprensiones que, aplicadas en nuestra vida, nos conducirán por la vía correcta y nos permitirán inmunizarnos, vacunarnos contra el sufrimiento al punto de, en su expresión cúspide, impedir cualquier tipo de sufrimiento en cualquier nivel de realidad mientras duramos como expresión de la vida, como manifesación cósmica.

Los cinco consejos para la vida son:

1. No esperes nada
2. No culpes a nadie
3. Sé consciente de que nada es tuyo
4. No te ancles al pasado
5. Perdona

A primera vista estos consejos podrán parecer muy simples, pero su simplicidad es su belleza, su simplicidad es su profundidad y en donde reside la posibilidad de combatir el sufrimiento desde su raíz misma al punto de generar un cambio radical en nuestra vida

El más importante de todos ellos, y en el que se pueden resumir los demás, es el primero: No esperes nada. Cuando uno no espera nada en el sentido más absoluto es virtualmente imposible sufrir a nivel psicológico.

Cuando uno no espera nada no culpa a nadie, porque se culpa sólo en virtud de que se espera algo de la otra persona, se espera evadir la propia responsabilidad, se espera que se haga justicia, etc.

Cuando uno no espera nada uno es perfectamente consciente de que nada es de nuestra propiedad, no espera poseer, no espera generar apego, no espera que la vida nos haga poseedores y simplemente deja fluir.

Cuando uno no espera nada no se ancla al pasado, no lo ve como una posesión, como una propiedad o como un apego y simplemente deja fluir. Pero si no se procede así, el pasado sigue vivo en el presente en forma nociva y adquiere volumen y forma a base de esperas previas. Por ejemplo, si esperaba la lealtad de alguien que me traicionó, esa herida hace que ese pasado me siga persiguiendo en el presente generándome dolor.

Cuando uno no espera nada entonces perdona, o mejor, no perdona porque entonces comprende que no hay nada que perdonar. Cuando uno no espera nada de los demás, entonces no hay nada que perdonar. Los seres humanos no somos perfectos ni infalibles, sino que fallamos, dudamos, cambiamos de parecer, etc. Cuando uno comprende eso, entonces no espera. Y cuando alguien falla, con o sin intención, también comprendemos en nuestro fuero interior que es algo muy natural, que es algo muy humano, y perdona, no de forma o de superficie, sino que perdona en el sentido más completo; perdona porque comprende que no hay nada que perdonar.

Es inútil seguir en el proceso de la espera, y es inútil seguir con el proceso del dolor que nos origina la espera. Por supuesto, no esperar nada es difícil, pero cuando comprendemos que esa espera realmente no tiene bases, que no es coherente, entonces se disuelve.

Por supuesto, para ello es necesario un previo proceso comprensivo. Cuando se comprende, el "yo" se diluye. Por ejemplo, si descubres que tu pareja, o tu hermano o tu amigo, etc., pintó con crayones la pared de tu apartamento, de inmediato entras en un estado alterado de conciencia, en modo de explosión, de ira, de recriminación, etc., pues ¿cómo ha podido hacer algo así? Sin embargo, todo ha sido un malentendido y realmente quien ha causado todo ha sido tu sobrino o sobrina favorita, de tan sólo un año. Entonces eso lo cambia todo, comprendes que no tiene sentido explotar con tu sobrino o sobrina, incluso hasta te dará risa, y dirás cariñosamente "este mocoso", "esta mocosa", etc., y caerás en la cuenta que ha sido tu responsabilidad y serás más previsivo a futuro. Similar sucede con los Cinco consejos para la vida, pues nos llevan a comprender que hemos estado observando la vida desde un determinado ángulo, y por eso entramos en estado alterado de conciencia, por eso explotamos, por eso sufrimos. Pero cuando veamos la realidad desde el otro enfoque, entonces comprenderemos, y en esa comprensión, el sufrimiento también se diluye como en el caso del sobrino o sobrina que había rayado la pared con crayones. Entonces sólo queda el disfrutar de la vida sin motivos... "este mocoso", "esta mocosa", y hasta te reirás y disfrutarás de la situación.

Estas comprensiones son fundamentales, no sólo porque mediante ellas podremos minimizar y hasta eliminar el sufrimiento, no sólo porque mediante ello nuestra vida adquirirá otro matiz, otro color y se llenará de paz, de tranquilidad y de plenitud, sino también porque pueden llevarnos a la comprensión síntesis, a la no espera trascendente y absoluta.

Mediante las respectivas comprensiones uno puede llegar a la convicción de que ya no espera nada, absolutamente nada y, sin embargo, seguir esperando algo, aspecto que podría permanecer oculto y sólo evidenciarse en algún momento de la vida mediante las circunstancias adecuadas.

Pero cuando uno ha llegado a la comprensión síntesis, entonces la "no espera" es perfecta. Experimentar la "no espera" en su forma más absoluta requiere –también de forma absoluta– de la pérdida de la última esperanza y de la última razón para vivir, del desprendimiento hasta del último bastión psicológico, de la última y soterrada causa que nos mantiene con vida y que nos permite avanzar, dar un paso más. Y uno no necesita hacer nada, salvo haber sido un buscador incansable desde el comienzo, haber avanzado hasta el desmayo, sólo eso, la vida se encarga de hacer el resto, y no cuando uno quiera, sino simplemente cuando suceda, ajeno al querer o al no querer, ajeno al deseo o a cualquier tipo de manipulación. Entonces, y sólo entonces, se descubre que dentro de uno sólo hay un abismo soberbio, un abismo sin fondo y sin límites, un vacío vehemente e inenarrable; pero también se descubre que ese vacío somos nosotros mismos, y al tiempo que advertimos que ese vacío inenarrable somos nosotros mismos y que habita dentro de nosotros mismos, de inmediato comienza a ser llenado.

Sólo lo que está vacío puede ser llenado; y sólo lo que está vacío continuamente puede ser llenado continuamente. Antes no podía ser llenado porque no habíamos advertido que ese vacío estaba allí pero, luego de que es advertido, comenzamos a experimentar una plenitud continua y consciente, una suerte de *vacío-plenitud* permanente. Entonces, cualquier otro tipo de dolor psicológico o emocional se hace más que imposible y comenzamos a experimentar lo que es estar rebosantes de dicha, de tranquilidad, de paz, de comprensión y de plenitud.

CAPÍTULO 1

NO ESPERES NADA

1. NO ESPERES NADA

Uno generalmente espera algo, bien sea material, físico, afectivo o abstracto. Uno espera demasiado de uno mismo, del papá, de la mamá, de los hijos, de los familiares, de los amigos, de los vecinos, de la ciudad, del país, del mundo, del gobierno, del sistema social, político, financiero, etc. Uno espera demasiado de la vida, de Dios, de la justicia, del amor, de la virtud, etc., y todo eso, invariablemente, en algún momento de la vida, nos genera dolor y frustración.

La espera es el principio del dolor porque, eventualmente, eso que uno espera puede no llegar o no ser alcanzado y, cuando esto ocurre, se genera dolor. La vida misma se nos va de espera en espera, y no logramos capturar la belleza verdadera del momento. Cuando somos niños esperamos ser jóvenes para poder salir con nuestros amigos, para ir a alguna fiesta, para tener algo más de libertad, para vestir a la moda, etc. Y una vez que somos jóvenes esperamos tener un bello hogar, convertirnos en padres, tener un buen trabajo, una formación profesional, un auto, una casa, etc. Y una vez logrado esto, o una vez que hemos llegado a la edad adulta, esperamos que el hogar perdure, que nuestros hijos se formen en el bien, que no perdamos el trabajo, que nuestra salud no se vea afectada, que la situación económica mejore. Y cuando llegamos a la ancianidad esperamos que llegue el momento de la jubilación, que los hijos hagan un hogar bello, que podamos ver crecer los nietos, que la vejez no sea traumática, etc.

Así las cosas, la vida se nos va de espera en espera, de anhelo en anhelo y, si bien es verdad que en ocasiones lo que esperamos llega, también es verdad que en ocasiones no llega, lo cual genera dolor, amargura, frustración.

En este sentido, debemos convertirnos en unos seres sin esperanza alguna; suena patético, pero no lo es. Esperar es tener esperanza. Si espero que mi pareja no me engañe realmente tengo la esperanza de que no lo haga. Sin embargo, puede ocurrir, y eso que era mi esperanza ahora es el cuchillo que se entierra en mi piel. Si no hubiera esperado fidelidad, por cuanto somos humanos y podemos fallar, comprendería que dicha posibilidad es algo prominente, inclusive hasta natural, y entonces la situación no sería traumática, el dolor sería mínimo o inclusive, inexistente.

En ese sentido es correcto afirmar que debemos eliminar el mecanismo de la espera en todo sentido y a todo nivel. Cuando eliminamos ese mecanismo de la espera, entonces el dolor psicológico se reduce al punto de casi extinguirse o desaparecer por completo.

Ese no esperar no es algo negativo, no es algo de personas resentidas si justamente, el resentimiento surge precisamente de lo contrario, de la espera.

Cuando espero que los demás no me fallen, cuando espero fidelidad, lealtad, respeto, etc., y cuando eso no llega, entonces surge el resentimiento, porque siento que me han pagado mal, que se me ha privado de algo que merecía, etc.

La no espera es sólo una comprensión, quizás la más coherente a la que pueda llegar un ser humano, basada en la observación de la realidad, y tiene la ventaja de ahorrarnos sufrimiento, al menos a nivel psicológico. Casi la totalidad del dolor psicológico se basa en algún tipo de espera. Cuando no hay espera de nada, no sólo no sufrimos sino que, adicionalmente, nos permite vivir agradecidos. Por ejemplo, yo no estoy esperando que hoy alguien golpee a la puerta de mi casa para traerme una caja llena de diamantes. Entonces ¿qué pasa si no llega? No sucede nada, seguiré en estado de tranquilidad e, inclusive, como no es algo que espero, posiblemente lo habré olvidado. Pero si llega un niño con un pan o un vaso de agua, entonces seré feliz y estaré agradecido con la vida, con todo y con todos.

La no espera no significa no luchar o no perseverar, pero sí significa luchar sin apasionamiento enfermizo porque, en el momento en que algo así sucede, se genera un apego, una adherencia, y tanto el uno como la otra son incompatibles con la no espera.

Uno puede esmerarse en el deporte, en el estudio, en el trabajo, y es una forma de luchar, y mientras que se haga con deleite, no hay nada nocivo. Sin embargo, si llega un deportista más cualificado y me supera, puede que me genere malestar, y que eso me trastorne, que me lleve a no dormir, a entrar en una competencia no sana, a buscar desmeritarlo, etc., y todo ello son síntomas ineludibles de que se ha generado un apasionamiento enfermizo. No compitas, disfruta. El apasionamiento enfermizo se genera de una espera. Quizás espero ser "el mejor", que nadie me destrone, o espero ser percibido como el líder, o espero tener o conservar una reputación, una dignidad, etc., todo ello producto de la espera, misma que, por lo común, se mantiene latente a lo largo de la vida originando, de vez en vez, decepciones tanto menores como mayores.

Casi la totalidad del dolor psicológico se produce gracias a la dinámica de la espera. Cuando uno es capaz de no esperar nada, entonces virtualmente deja de sufrir o, cuando menos, el sufrimiento se hace escurridizo, tan efímero que se disuelve como vaho tan pronto como llega.

1.1.   NO ESPERES DE TI MISMO

Uno no sólo espera algo en cualquier etapa de la vida, sino que espera de todo y de todos. Uno espera inclusive de uno mismo. Espera alcanzar, espera demostrar, superarse, adquirir, viajar, aprender, realizarse, etc. Y no es que alcanzar la meta, el logro, el viaje, la realización, el aprendizaje, etc., en sí mismos, sean algo nocivo, lo nocivo es el estado de espera, principalmente si es algo a lo que nos hemos aferrado, apegado. La espera en sí misma es aferración, apego, y cuando no podemos tener eso a lo que nos apegamos, sufrimos invariablemente.

Cuando espero ser el mejor de la clase y llega alguien más inteligente, o con más capacidad de memorizar, o con más suerte, y queda de primero, yo me voy a sentir frustrado, rencoroso, ansioso, en desasosiego, en estrés, en inferioridad y, por supuesto, todo eso me genera malestar y dolor. Y no es que uno no deba luchar, pero se debe luchar desapasionadamente, sin apego, sin esperar, sin convertir la meta en deseo. Una cosa es ocupar el primer lugar de la clase, y otra cosa es haber aprendido. Si he aprendido no necesito demostrar que soy el primero. Haber aprendido es haber alcanzado el logro, mientras que el primer puesto o el vigésimo, es algo subjetivo y secundario.

Uno también puede esperar de sí mismo ser fuerte ante una situación determinada, salir adelante, no dejarse abatir; pero esa misma espera genera unos estándares de lo que implica "salir adelante", "ser fuerte", no dejarse abatir, etc. Y cuando no logro esos estándares viene el conflicto. Buscaba no dejarme abatir, pero ahora me siento abatido. Buscaba ser fuerte, pero ahora me siento débil. Esperaba salir adelante, y ahora me siento hundido en un pozo. Si no hubiera esperado nada de ello no se habrían generado determinados estándares y, por consiguiente, no me sabría "abatido", "desconsolado", "sin fuerza", "sin rumbo". Adicionalmente esos estados son generados por otro tipo de espera camuflados detrás de ellos. Por ejemplo, posiblemente espero salir adelante para demostrar a los demás que yo sí puedo lograrlo. En este caso estoy ante una doble espera, y la una me lleva a la otra. Espero "demostrar", y eso me lleva a esperar "salir adelante".

Uno no tiene por qué demostrar nada a nadie, eso es tiranía. Si pretendo demostrar que soy el mejor implícitamente doy a entender que la otra persona es inferior, que está por debajo de mí, que es menos competente, menos capaz.

Vivimos en un mundo en el que todos hacen demostraciones de todo, menos de lo más esencial: demostrar que pueden vivir sin sufrir. Y para lograr vivir sin sufrir es necesario no demostrar nada pues, si espero demostrar me voy a frustrar cuando, eventualmente, no lo logre. Y si lo logro, los demás exigirán nuevas demostraciones de mí, y eso me llevará a un círculo enfermizo indefinido. O si lo logro, los demás entrarán en estado de envidia y procurarán hacerme sufrir. Es decir, en todas las variantes, la necesidad de demostrar me llevará a sufrir. Uno no necesita demostrar nada. Siempre hay personas tanto por encima como por debajo, es la esencia natural de la vida.

Uno no debe esperar nada de sí mismo puesto que uno es un ser humano, es decir, es un ser falible y no un ser omnipotente. Como ser humano, debo permitirme fallar. Y ese fallo, realmente es un aprendizaje que, aunque puede ser doloroso en un principio, si sé extraer de él el máximo de experiencia, me previene de dolores futuros. Esto no significa que no deba luchar, pero si fallo, no hay razón para autoflagelarme.

La vida es libre en su movimiento. Allí se abre una flor y más allá se marchita una hoja. La vida es variable, diversa, no hay una regla fija que asegure nada y, a lo máximo, lo que puedo hacer es dar lo mejor de mí. Al dar lo mejor de mí he alcanzado el logro, lo relevante, lo fundamental. El objetivo como tal es secundario y hace parte de esa libertad suprema de la vida, de su variabilidad.

Posiblemente me he esforzado en mi carrera, pero ahora no logro conseguir empleo. Posiblemente mi compañero de clase holgazaneó durante toda la carrera y apenas si logró graduarse, y ahora es exitoso como profesional. Cosas como estas suceden todos los días y no debiera ser motivo para sentirme herido, lastimado, etc. Si observo con atención la realidad, me doy cuenta que esto es algo natural, normal, que la vida es libre en su movimiento, diversa, que no hay regla fija para lograr nada y que, a lo sumo, lo mejor que puedo hacer es hacer mi mejor esfuerzo, aunque no todo se logra sólo con esfuerzo.

En ese sentido la vida es como el amor. A veces nos esforzamos lo mejor que podemos, pero no lo logramos. A veces no hacemos nada y la otra persona resulta prendada. Y no hay injusticia allí, no hay mezquindad alguna. Es la vida libre en su movimiento. Cuando comprendo esto, entonces he observado la realidad cara a cara, sin ninguna prevención, sin ninguna espera, sin ningún juzgamiento; entonces me vuelvo una persona realista, la más realista del mundo.

Esto no significa que uno no tenga capacidades y cualidades, esto no significa que uno deba negarse a sí mismo como persona o anular su propio valor. Pero así como uno tiene enormes e invaluables capacidades, los demás también las tienen y no deben ser subestimadas. En algunas ganaremos nosotros, en otras ganarán los demás. Si somos conscientes de ello, no va a generar traumatismo en el evento de que suceda.

No esperes nada de ti mismo, sólo da lo mejor de ti mismo.

1.2. NO ESPERES DE LOS DEMÁS

Los seres humanos, sin excepción alguna, somos seres falibles e imperfectos, dudamos, caemos, fallamos, cambiamos, etc. Esto es algo real que podemos ver y palpar diariamente, y también es algo natural por nuestra misma condición humana, razones estas más que suficientes para no esperar de los demás y, por consiguiente, para no juzgar a los demás.

Inclusive, en muchas ocasiones no es que los demás quieran fallarnos de forma intencionada, que deseen traicionar, abandonar, herir, etc., sino que sucede en forma espontánea debido a la misma dinámica de las diferentes circunstancias de la vida. Entonces ¿por qué no comprender esta función tan humana? Si es perfectamente posible que la otra persona pueda fallar ¿por qué esperar que no falle? Cuando uno comprende esto deja de esperar de la otra persona, deja de esperar de los demás, no como un acto negativo a raíz de sentirse defraudado o resentido, sino como un acto de comprensión.

Uno, por lo general, espera cuando siente que hay obligación de parte de los demás para con uno, o cuando uno ha dado "algo", o siente que ha dado "algo" y espera reciprocidad por parte del otro. Sin embargo, la vida no funciona así. Es verdad que si brindo amistad, lo normal sería que la otra persona correspondiera, pero no es obligación ineludible y, la vida misma nos demuestra que las cosas no siempre pasan así.

De las personas que más espera uno son aquellas con las que más hemos compartido, que han ejercido una influencia preponderante en nuestra vida, por lo general padres, pareja, hermanos, hijos, etc., y les seguirán amigos, compañeros y familiares distantes.

De todos ellos será difícil no esperar; esperar cariño, afecto, protección, ayuda, reciprocidad, fidelidad, lealtad, etc. Sin embargo, cuando comprendemos que también son seres falibles, también comprendemos que no están exentos de fallar. Esto no significa que la relación de familia sufra algún tipo de fractura o de detrimento. Todo lo contrario, el principio de la no espera nos permite vivir constantemente agradecidos; agradecidos con la vida y con las demás personas. Y la razón es sencilla: cuando uno no espera que alguien le brinde a uno un vaso de agua, si no es brindado, no se genera ningún tipo de conflicto psicológico por cuanto no se estaba esperando. Sin embargo, si alguien le brinda a uno algo que uno no estaba esperando, en ese momento es feliz y vive agradecido. La otra persona no tenía ninguna obligación de hacerlo, y lo ha hecho, lo cual genera gratitud, bienestar, armonía, reciprocidad de afecto.

Uno puede pensar que los padres sí tienen una obligación ineludible para con los hijos por el sólo hecho de haberlos traído a la existencia, pero dicho pensamiento, aunque verdadero en parte, genera ingratitud, es decir, no agradecimiento. Por ejemplo: no importa cuánto se sacrifiquen por brindar abrigo, afecto, protección, alimento, educación, etc., al hijo puesto que "es su obligación". Este tipo de pensamiento genera una fisura en la relación. Sin embargo, si abro lo ojos y observo, me daré cuenta que la vida surge en forma espontánea y que es libre en su movimiento. Si abro los ojos y observo, me daré cuenta que muchos hijos son abandonados por sus padres, violentados, heridos, desprotegidos, etc. Por supuesto, es algo que no debería suceder pero que, sin embargo, sucede. Y ese mismo hecho evidencia que no hay tal obligación ineludible pues, si fuera obligación ineludible, entonces no sucedería.

Sin embargo sucede por cuanto el ser humano es falible, cae, duda, cambia, tiene miedo, etc. Si contemplo todas estas posibles variantes, a cambio de pensar que mis padres tienen obligación para conmigo, he de sentirme afortunado por haber llegado a un hogar en el que mis padres se esmeran por darme lo mejor que pueden. Y, en el caso que tenga algún reparo con la existencia, he de saber que mis padres no son los culpables por haberme traído a la vida, sino que el problema radica en mí mismo, en mi actitud y forma de interpretarla. Y, a fin de cuentas, lo más posible es que si no hubiera nacido en ese hogar, hubiera nacido en otro, pero habría nacido necesariamente pues la vida es algo que simplemente fluye.

Cuando uno espera algo de los demás, en el fondo, hay un interés. Puede que esperes amor, pero en ese "amor", hay un tipo específico de interés. No eres un ser desinteresado, y por eso esperas; lo que quizás no adviertes es que, tanto si esperas algo como si no, la vida es lo que es, libre en su movimiento. Tú puedes exigirle algo a la vida, pero la vida es libre de hacerlo o no. Y alguien puede no exigirle nada, y la vida también es libre de otorgarlo o no.

1.3.   NO ESPERES DEL MUNDO

A veces puede suceder que esperamos que el mundo sea mejor, que cambie, que sea menos violento, más pacífico, que no sucedan injusticias, que no sea tan cruel, etc. Sin embargo, lo que yo espere o no del mundo, es ajeno al mundo, a la dinámica que lo mueve. Adicionalmente, el mismo caos, el mismo conflicto del mundo es originado por la misma naturaleza falible del ser humano. Si el ser humano fuera perfecto, entonces obraría en forma perfecta y, al obrar en forma perfecta, no habría caos en el mundo.

Pero la realidad es diferente. Si el ser humano fuera perfecto, entonces sería otra cosa, menos un ser humano, y frente a esta posibilidad, es preciso reconocer que hay algo en la vida que la misma vida no puede violentar: su propia libertad. Y el ser humano, como extensión de la vida, no puede verse suprimido de esa libertad, de su libre determinación. Dicha libertad podrá aprisionarse por un instante, pero con cuanta más vehemencia se la aprisione con tanta mayor vehemencia tarde que temprano reclamará su espacio. Así las cosas, el ser humano es libre de escoger un camino u otro, y no hay mezquindad en la decisión, sea cual fuere. Pretender que el otro "mejore" –por supuesto, de acuerdo a nuestro estándar ético–, que cambie, que escoja el camino que queremos, incluso contra su voluntad, sería tiranía.

La vida es libre en su movimiento. Allí se abre una flor y más allá se marchita una hoja, y así es bella. La vida no es perfecta y, por consiguiente, no es infalible. Tiene sí, memoria, es inteligente, y tiende a arreglar algunas cosas, y a veces lo consigue, a veces no. Todo es un proceso de aprendizaje, incluso para la vida misma. Su imperfección es, a su vez, su plenitud, su máxima perfección.

El ser humano no es infalible, se equivoca, duda, siente temor, ira, etc. En ese orden de cosas, es imposible que haya un orden específico y, por tanto, es natural que se genere caos. Y dicho caos es una secuencia de la libertad de la vida, por lo que resulta normal y natural que ese caos siempre esté presente, en mayor o menor grado, aquí o allá, o donde sea necesario.

El caos en sí mismo conserva un orden, ese caos es necesario y origina aprendizaje. Por ejemplo, en la dinámica de subyugador y subyugado, se genera aprendizaje para ambas partes, y el subyugador, de tiempo en tiempo, propicia que el subyugado despierte del letargo, que sea consciente de su propio valor y fortaleza, que forje en su ser el coraje, la audacia y la valentía necesarias para sacudirse de la opresión y las cadenas, y con ello, no sólo las cualidades que demanda un momento específico, sino también la comprensión, el valor y la fortaleza que demandan la vida; de este modo, el subyugador, queriendo hacer un mal, hace un bien, es algo que suele suceder –aunque también a veces, queriendo hacer el bien, se hace el mal–. Esto, por supuesto, no es una apología ni a la insurrección ni a la subyugación, y tanto la una como la otra son algo que eventualmente surge, con justa causa o no.

En el mundo hay caos porque se opera esta dinámica, y ese caos se traduce en desigualdad social, en pobreza, en mezquindad, en líderes que desean llegar a la cúspide. Todos estos dramas innecesarios, aun cuando podrían percibirse como algo nocivo, en últimas, terminan por configurar un proceso de aprendizaje colectivo que, de tiempo en tiempo, harán que la humanidad reaccione para elevarla a un estado de conciencia superior.

Cuando se ve todo ello como una secuencia natural de la vida se comprende que es inútil esperar algo del mundo, es decir, del colectivo de personas que habitamos en el mundo. Cada quien tiene su propio afán, sus propias prioridades y, aunque en la superficie sólo veamos un caos torturante, a la larga, se trata de un proceso de aprendizaje.

A esto, adicionalmente, se debe añadir que no es el mundo el que debe cambiar, sino que soy yo, como individuo, quien debe hacerlo. He visto la violencia del mundo pero ¿he visto la violencia que surge de mí? Esa violencia puede ser una palabra o un silencio, una mirada, un gesto, una ausencia, etc.

Es incorrecto el concepto de querer cambiar el mundo, sería tanto como querer cambiar la esencia misma de la vida, anularle su libertad para implantar el patrón mío, el que me parece conveniente. Lo correcto es transformarse a sí mismo. Cuando uno se transforma a sí mismo, entonces el mundo cambia para uno. Si era un borracho y cambio, naturalmente ya no voy a gustar de otras personas borrachas, y eso ya supone un cambio importante. Si era un tramposo y cambio, naturalmente ya no voy a relacionarme con personas que gustan de la trampa, y eso ya supone un cambio importante, no sólo de personas, sino también de ambientes y de situaciones.

1.4.   NO ESPERES DEL SISTEMA

Esperar del sistema es tanto como esperar del mundo, o esperar de los demás; es una forma de evadir nuestra propia responsabilidad. Por ejemplo, uno puede esperar del sistema educativo una mejor formación para los hijos; o puedo esperar del sistema económico mayor generación de empleo en condiciones provechosas; o puedo esperar del sistema social mayor inclusión. Sin embargo, más allá de mi espera, sucederá o no.

En todo caso, en el actual estado de cosas, ningún tipo de sistema puede ser perfecto por cuanto todos esos sistemas son operados por seres humanos, y los seres humanos no somos infalibles y, tarde que temprano, surgirá algún tipo de corrupción del sistema.

Estos sistemas son operados por los gobiernos, y los gobiernos son operados por seres humanos con diversos intereses que pueden estar o no en sincronía con los nuestros. Adicionalmente, esperar del sistema es esperar en una quimera, en algo demasiado distante y, como toda espera no cumplida, causa dolor y frustración.

A lo sumo lo que puedo hacer es llevar a cabo las acciones pertinentes para que ese sistema proporcione lo que se supone que debe proporcionar. Sin embargo, cualquier cosa puede suceder.

1.5.   NO ESPERES DE DIOS

El ser humano pierde las esperanzas de poco en poco, en forma continua. Por ejemplo, alguien espera que el hijo no se muera, que la pareja no se vaya, que no pierda el trabajo, etc. Sin embargo, sucede todo lo contrario y el hijo muere, la pareja se marcha y es despedido del trabajo. Todo esto genera dolor y frustración. Sin embargo, por más duro que pueda resultar la pérdida de cualquier tipo de esperanza, hay dos tipos de esperanzas que vienen a ser la última guarnición psicológica de todo ser humano:

1. La esperanza en Dios
2. Una razón para vivir

El primer y mayor consejo de todos es no esperar nada, y esto abarca todo, tanto a nivel físico, psicológico y abstracto. Sin embargo, a este punto nos encontramos verdaderamente ante un nudo gordiano, con justa razón, difícil de superar pues, como se ha indicado, tanto la esperanza en Dios como la espera de una razón para vivir, son la última guarnición psicológica de todo ser humano, su última tabla de salvación, lo último a lo cual puede aferrarse con todas las uñas, con todos los dientes y con todo su ser.

Alguien puede tener la esperanza de que su familiar querido no muera, y muere; pero incluso en ese evento halla consuelo en la esperanza de que podrá verlo de nuevo en algún momento, o que tendrá algún tipo de recompensa espiritual, que Dios lo ayudará a superar dicha situación. Pero puede suceder que no logre superar dicho evento y que termine viviendo debajo de un puente, desnudo, hambriento y enfermo. E incluso en esa situación, cuando todo tipo de esperanza está perdida, esa persona puede hallar esperanza en Dios, en que tendrá una recompensa futura, en que irá al cielo, etc., y mientras eso le sirva de consuelo está bien, no importa si vive engañada pues, incluso una mentira puede aliviar y dar esperanza. Sin embargo, tal situación le impedirá a esa persona poder vivenciar una experiencia que, para todo aquel que la experimenta, se convierte en la mayor plenitud.

Hay una expresión bien conocida que dice que *lo último que se pierde es la esperanza*. Y si la analizamos bien, la misma expresión afirma implícitamente que la esperanza como tal sí se pierde —sólo que de último—. Esas dos esperanzas, latentes en el fondo psicológico de todo ser humano son: Dios y una razón para vivir. Y es justo aquí donde viene lo patético y lo mágico. Cuando ha desaparecido la primera, aún puede existir la segunda, pero si incluso esta última logra desaparecer en alguien, ese alguien, o sucumbe, o logra una gran iluminación (si comprende que ha eliminado los dos últimos bastiones del mecanismo de la espera, transformándolos en *no espera*). Sólo cuando han desaparecido ambas experimentas el vacío mayor. Sólo cuando adviertes ese vacío, comienza a ser llenado. Cuando estas dos últimas se disuelven y comprendes el proceso, difícilmente otra cosa puede herirte (quizás ya nada puede herirte, pues todo dolor psicológico se basa en el mecanismo de la espera).

Dios, para el ser humano, sirve para muchas cosas, incluso para poner bajo sus hombros nuestra propia responsabilidad. Por ejemplo, puedo argumentar que tuve diez hijos porque esa fue la voluntad de Dios, sin advertir que he sido yo el que con mis actos u omisiones he permitido que eso sucediera.

Pero la figura de Dios también nos sirve como mecanismo perfecto para esperar que alguien haga lo que se sale de mis manos, por ejemplo: justicia. Y no advierto que la justicia, en la mayor de las veces, es una forma de venganza. Dicho de otro modo, espero que alguien haga venganza por mí, que alguien se tiña las manos de sangre por mí.

Diariamente son asesinadas miles de personas en el mundo y, en buena parte de las veces, sus deudos esperan que se haga justicia por parte del hombre. Es decir, que el asesino sea castigado, encarcelado. Pero muchas de esas veces eso no ocurre, entonces un último recurso es esperar que Dios haga esa justicia. Pero esa justicia es una forma de venganza, espero que Dios lo haga sufrir en forma vehemente, inclusive en proporción mayor, que lo haga arder en algún lugar, etc. ¿Ves cómo esa justicia que alguien puede reclamar es realmente una venganza? Y buena parte de la justicia que demandamos de parte de Dios consiste en la espera de que Dios se vengue por nosotros, que Dios torture por nosotros, que Dios se tiña de sangre las manos por nosotros.

Sin embargo, y tal como sucede con todo tipo de espera, puede no llegar, puede no suceder. Posiblemente espero que Dios haga justicia, pero sucede que a esa persona cada vez le va mejor, cada vez sonríe más, cada vez es más exitosa. Entonces viene la frustración porque pienso que no hay justicia y la herida psicológica puede, inclusive, resultar más densa.

Y es que pensamos de alguna forma que Dios no desampara, que aprieta pero no ahorca y, sin embargo, en el mundo hay millones de desamparados, millones de desposeídos, millones de seres humanos que sufren violencia, hambre, desnudez, millones de seres humanos que mueren en el más completo abandono, millones de personas que se suicidan. Esto no es obra de Dios, sino que es la dinámica de la vida. La vida no puede ir en contra de sí misma, la vida se protege a sí misma, y en esos mecanismos de protección, aunados a la competencia que surge entre las especies, a la falta de comprensión y al desamor, surgen todo este tipo de dramas innecesarios, ajenos a cualquier tipo de divinidad. Uno podría esperar que Dios en algún momento de la historia solucione ello, pero precisamente todo ello es lo que ha existido a lo largo de la historia como una constante.

Uno podría pedirle a Dios cualquier tipo de favor y, disparatado o no, podría no suceder. Esto es algo frecuente, es el pan diario y, como todo tipo de espera que no llega a ser satisfecha, genera dolor y frustración. Entonces pensamos que la vida nos ha pagado mal, que hemos tenido mala suerte, que hemos nacido en el hogar inadecuado, que la vida ha puesto a las personas equivocadas en nuestro camino, etc., y esto no sólo genera sufrimiento, sino que nos convierte en unos seres resentidos.

Sin embargo, si abro los ojos y miro, me doy cuenta que la vida es libre en su movimiento y que allí se abre una flor y más allá se marchita una hoja. Si abro los ojos y miro, me doy cuenta que el ser humano es imperfecto y que, en dicha imperfección, es capaz de generar enormes sufrimientos. Miles de personas son asesinadas a diario, miles de personas mueren constantemente, de modo que el peligro más grande es estar vivos. Si soy consciente de que mañana alguien podría matar a mi mamá, a mi esposa, a mi hijo, etc., si soy capaz de verlo como algo absolutamente posible —y así es—, entonces, en el evento de que suceda, podré verlo como la dinámica de la vida y, eventualmente, me permitirá afrontar de mejor forma dicha circunstancia. Pero adicionalmente esta comprensión me permitirá valorar profundamente a mis seres queridos, disfrutar cada instante que paso con ellos y saber que dichos momentos son únicos, que es maravilloso cada día que paso con ellos.

Es verdad que la figura de Dios sirve como refugio y cuando estamos totalmente abandonados, sin esperanza alguna, él sirve a manera de confidente, a quien le contamos nuestros secretos más profundos, a quien clamamos y, aunque puede que nos escuche o no, nos alivia en algo, nos alienta, y el sólo hecho de pensar en un castigo o recompensa futura nos impide obrar de tal o cual forma, o nos anima a seguir adelante. Pero todo ello es sólo un paliativo y no una solución de fondo, un mecanismo de protección que nuestra propia mente crea, y está bien hasta cierto punto, pero también a partir de cierto punto debes comprender que estás solo, absolutamente solo en tu proceso de comprensión[1], en tu proceso de manifestación cósmica y que tú, y nadie más que tú eres el generador de tu dicha o de tu sufrimiento, que lo que hay en tu vida no es producto del capricho o parecer de un tercero, sino el resultado de tus propias acciones y decisiones, del ejercicio de tu más completa y soberana libertad.

1.6.   NO ESPERES DE LA VIDA

La vida sucede en forma espontánea y no hay ninguna forma de impedirle que suceda o que no suceda. La vida es libre en su movimiento. Allí se abre una flor y más allá se marchita una hoja. Es verdad que la misma dinámica de la vida genera determinados patrones, pero lo hace dentro de su misma libertad. La vida es libre de generar esos patrones en un momento o lugar determinados y, aunque eventualmente esos patrones se disolverán, la vida es libre de volver a generarlos o no.

Uno no puede obligar a la vida a que actúe de determinada forma, uno no puede obligar a que el árbol haga crecer sus ramas de determinada forma y sólo puede contemplar la forma en que lo va ha-

---

[1] Y, al tiempo, todo el universo está contigo y nunca puedes estar solo o sola pues la vida toda esta ahí, y tu presencia o tu ausencia, tu acción o inacción cambia la historia del mundo todos los días.

ciendo. Quizás surge una rama retorcida, mirando hacia abajo, quizás surge una raquítica al lado de una prominente, y así es bello, es la vida ejerciendo su libertad.

Pero esa misma libertad, si abrimos los ojos y vemos, es más que suficiente para comprender que es fútil esperar un resultado determinado. Una persona puede esmerarse al máximo en el transcurso de su formación académica y, una vez terminada, no encontrar una ubicación laboral. Otra persona podría haberse graduado con lo justo y obtener un cargo envidiable. Estos contrastes suceden a millares diariamente y en las circunstancias más disímiles. Es inútil esperar nada, lo mejor que se puede hacer es hacer nuestro mejor esfuerzo, aprender de las circunstancias, aprender a interpretar el momento, perseverar hasta el final, hasta la muerte si es preciso, o retirarse en el momento oportuno.

El aprendizaje no es un proceso de suerte, la comprensión de la vida no es un proceso de suerte, y es el logro verdadero ante lo cual todo lo demás es sólo secundario.

Uno podría esperar muchas cosas de la vida: dinero, prestigio, posición social, condecoraciones, un hogar bello, un trabajo estupendo, etc., y, sin embargo, no ocurrir. Entonces mi esperanza no tiene fundamento. Incluso podría hacer dinero y comprar una mansión, pero al otro día podría venir una avalancha y derribar mi mansión. Podría alcanzar un gran prestigio, pero al otro día estallar un escándalo, podría tener un hogar bello, pero al otro día mi pareja enamorarse de otra persona. Y esto no es una divagación, esto es algo real, que sucede todos los días. Entonces ¿por qué espero? Cuando soy consciente de que todo ello puede pasar comprendo que lo único que puedo hacer es dar lo mejor de mí. Al dar lo mejor de mí, al hacer mi mejor esfuerzo, ya el logro se ha alcanzado, y lo demás es secundario.

Por supuesto, si un hombre es un borracho y da malos tratos a su pareja, es muy posible que la pierda. Y si una mujer es una libertina y es una mentirosa, es muy posible que pierda a su pareja. Pero también es verdad que hay hombres dignísimos que son abandonados, y hay mujeres maravillosas que son subvaloradas por sus parejas.

La vida es libre en su movimiento. Allí se abre una flor y más allá se marchita una hoja. La vida es variable, diversa, no hay una regla fija que asegure nada y, a lo máximo, lo que puedo hacer es dar lo mejor de mí. Al dar lo mejor de mí he alcanzado el logro, lo relevante, lo fundamental. Las circunstancias resultantes, ante ello, devienen como secundarias y hacen parte de esa libertad suprema de la vida, de su variabilidad. Esto, por supuesto, no quita el hecho que la vida sea inteligente y, por tanto, trate de organizar aquí o allá, de quitar o poner donde sea necesario. A esto se le ha llamado *ley de compensación*; sin embargo, dicha compensación puede no ser como lo esperamos y adicionalmente, en su aspecto negativo, no sólo genera diferentes tipos de creencia, sino también diferentes tipos de espera e, inclusive, actuación no espontánea sino interesada (se hace algo para esperar algo, una compensación o un castigo).

Pero más allá de cualquier tipo de cosa que uno pueda esperar de la vida, bien sea material, emocional, física o abstracta, hay algo más profundo que uno necesita y espera de la vida: una razón para vivir. Y dicha espera se hace más notable en los momentos más difíciles de la vida. Para algunos la razón para vivir es el dinero, para otros el prestigio, para otros la posición social, para otros la familia, para otros algún tipo de superación personal, algún tipo de iniciación, o Dios, la patria, el honor, etc.

Pero esa necesidad y razón para vivir realmente son una espera. Uno espera tener eso, uno se aferra a ello con todas las uñas, con todos los dientes y con todo el ser. Y mientras exista esa razón para vivir uno puede sortear de algún modo las circunstancias de la vida pero ¿qué sucede si esa razón para vivir desaparece?

Hay dos esperanzas latentes en el fondo psicológico de todo ser humano y que devienen como dos columnas fundamentales y, a la vez, como su último bastión psicológico. Esas dos esperanzas son Dios y una razón para vivir. Y es justo aquí donde viene lo patético y lo mágico. Cuando ha desaparecido la primera, aún puede existir la segunda, pero si incluso esta última logra desaparecer en alguien, ese alguien, o sucumbe, o logra una gran iluminación (si comprende que ha eliminado los dos últimos bastiones del mecanismo de la espera, transformándolos en *no espera*). Sólo cuando han desaparecido ambas experimentas el vacío mayor. Sólo cuando adviertes ese vacío, comienza a ser llenado. Cuando estas dos últimas se disuelven y comprendes el proceso, difícilmente otra cosa puede herirte (quizás ya nada puede herirte, pues todo dolor psicológico se basa en el mecanismo de la espera y la adherencia).

Cuando alguien llega al punto de no tener una razón para vivir y no se operan en él estas comprensiones, entonces sucumbe, se siente absolutamente vacío, como un globo sin aire, como un faro sin luz, y puede llegar, inclusive, a poner fin a su vida. Pero cuando se comprende el proceso, entonces es como un florecer, el más puro y absoluto. Dicho estado realmente no es nocivo, dicho estado realmente es algo maravilloso pues sólo mediante su experimentación es posible llegar al fondo mismo del mecanismo psicológico humano, a la última guarida psicológica; de ahí el peligro y la oportunidad que representa.

Cuando uno comprende que esa razón para vivir que demando de la vida es realmente una espera (espero una razón para vivir), cuando me he comprometido verdaderamente a eliminar de mi psicología el mecanismo de la espera para transformarlo en *no espera*, entonces esa razón para vivir que demando desaparece, se diluye y sucede algo mágico y maravilloso: contemplo que yo sólo soy un vacío, el vacío más vehemente e inenarrable. Y una vez que descubro que ese vacío estaba ahí, comienza a ser llenado. Antes no podía ser llenado porque no había advertido que estaba allí, ni siquiera que ese espacio estaba vacío, entonces ¿cómo podía ser llenado? Pero tan pronto como lo reconoces en su absoluta pureza, en su vehemente totalidad, de ninguna parte y de todas partes comienza a ser llenado y entonces, y sólo entonces, comienzas a experimentar esa mágica iluminación –misma que no puede ser buscada ni forzada, y simplemente sucede en forma espontánea cuando ha llegado el momento–, esa extraordinaria vivencia de *vacío-plenitud* que trasciende al sentimiento y al intelecto. No es que de repente surja algún motivo para vivir, es que ya no hay espera y, en efecto, ningún motivo para vivir; lo que en ningún modo anula la dicha, es una dicha sin motivos, como el jugar de un niño en donde la dicha no está en el objetivo o la recompensa, sino en el mismo jugar. Del mismo modo, la dicha de la vida no está en el objetivo o en la espera, sino en la misma vida, y eso sucede ya, aquí y ahora.

Uno no necesita de ningún motivo para vivir pues ¿no adviertes que estás vivo? Con o sin motivo la vida surge y se mantiene. Con o sin motivo, tú eres algo existente, algo viviente. Es como respirar, no hay razón para respirar, pero lo haces y es suficiente. Cuando se llega a este punto, uno comprende que no tiene ninguna razón para vivir (lo sola noción es equivocada), y eso no quita que se viva con absoluta plenitud. Cuando no esperas, entonces sólo disfrutas de cada cosa que sucede.

CAPÍTULO 2

NO CULPES A NADIE

2. NO CULPES A NADIE

Ante los fracasos, ante las caídas, ante las circunstancias difíciles de la vida uno siempre suele encontrar evasivas, pretextos, mecanismos con los cuales lavarnos las manos y salir uno como víctima. Sin embargo, una posición así nos cercena a nosotros mismos, nos deja hundidos en la misma laguna mental de siempre y no nos permie avanzar.

No culpes a nadie, tú eres el culpable. Es verdad que en algunas circunstancias nuestro nivel de culpabilidad es muy bajo, pero siempre hay algo de culpabilidad. Por ejemplo, hay violencia en el mundo y, aunque parezca increíble, todos somos culpables; hay culpabilidad tanto en ti como en mí, y esas pequeñas culpabilidades terminan configurando el drama del mundo. Si no hubiera violencia en ti ni en nadie entonces, cuando se convoca a la guerra, todos se opondrían. Y el "enemigo" se opondría, y no habría violencia en el mundo, ni el rencor que sigue generando violencia. Uno mismo es un generador de violencia, y cuando otras personas son víctimas de nuestra violencia, responden violentamente, y luego la replican en otras personas y el círculo continúa.

Esa violencia puede ser una palabra o un silencio, una mirada, un gesto, una ausencia, etc. Cuando se suma mi violencia a la violencia del otro, se genera violencia colectiva que, de poco en poco, adquiere mayor forma y se convierte en una bola de nieve

que crece cada vez más y que es copiada y re-
plicada por otros. Cuando no disponemos de grandes recursos nuestra pequeña guerra será con pa-
los y piedras, pero cuando ocurre entre personas
al frente de grandes arsenales, arrastran a pueblos
enteros a la guerra, a la sangre y la miseria.

Cuando tratas de culpar a alguien por algo que te
ha sucedido y que te afecta, entonces hay culpabilidad en ti. Y, con frecuencia, hay mayor culpabilidad en ti cuanto más intentes culpar a un tercero.
Hay culpa tuya bien por acción, omisión, negligencia, falta de precaución, pericia, astucia, previsión,
o por no haber comprendido o despertado conciencia.

Cuando abro los ojos y veo, me doy cuenta que,
inclusive en situaciones que parecen salirse de mi
mano, pude haberlo evitado, que aunque el margen de acción que tuviera fuera muy pequeño, si
hubiera tenido la suficiente precaución, pericia,
astucia o comprensión, podría haberlo evitado. Y
si pude haberlo evitado y no lo hice, hay un margen de culpa en mí. Y si pude haberlo evitado, aunque mi margen de acción fuera reducido, el efecto
habría sido completo, y no dependía de nadie sino
de mí. Si me rodean diez hombres para golpearme
y en ese punto pasa la policía y yo no doy gritos de
auxilio, hay un margen de culpabilidad en mí. A la
vez, el margen de acción que tengo para evitarlo es
muy reducido, pero inclusive con ese margen
reducido de acción, si tengo la adecuada precau-

ción, pericia, astucia o comprensión, el resultado no es reducido sino pleno, completo. Mi pequeño margen de acción era dar un grito de auxilio en el instante adecuado y, al hacerlo, no evito la golpiza en forma parcial, sino en forma total, completa.

Sin embargo, diez hombres no se van a poner de acuerdo para golpearme de gratis. ¿Por qué van a golpearme? Quizás he incumplido algo en lo que me había comprometido, quizás agredí a alguien y están tomando la respectiva represalia, quizás me desafiaron a pelea y de mi propia voluntad acepté. En este caso mi nivel de culpabilidad se dispara hasta las nubes, he sido el que ha originado todo.

Pero más allá de eso, también puede suceder que no haya culpable, ¿por qué necesariamente debe haber culpables? La misma vida sucede en forma espontánea y ¿quién es el culpable de ello? No hay culpable, no hay culpabilidad ni en ti ni en mí, ni en la misma vida. Una piedra es una piedra y no hay culpable, ni en la piedra misma ni en un tercero.

Si abro los ojos y miro me doy cuenta que la vida es libre en su movimiento. Allí se abre una flor y más allá se marchita una hoja, y así es bella. La vida no es perfecta y, por consiguiente, no es infalible. Tiene sí, memoria, es inteligente, y tiende a arreglar algunas cosas, y a veces lo consigue, a veces no. Todo es un proceso de aprendizaje, incluso para la vida misma. Cuando uno comprende esto en toda su magnitud la posibilidad de que se busquen culpables se reduce dramáticamente y, más que generar un proceso de culpabilización, se genera un proceso de comprensión.

2.1. CULPAR GENERA SUFRIMIENTO

Cuando culpo a un tercero de algo que me ha sucedido y que me afecta, no sólo no me hago responsable de mis propios actos u omisiones, sino que en breve me interno en un laberinto que me causa dolor, sufrimiento, desgaste, desequilibrio. Sin embargo, a uno le resulta más fácil poner la propia culpa sobre hombros ajenos, y es natural pues, a su manera, es un mecanismo de defensa que, aunque de vez en vez nos puede librar de algún apuro, en el fondo resulta nocivo y errado.

Cuando uno no reconoce la culpa en uno mismo entonces fácilmente piensa que el otro es el culpable, el que le ha hecho zancadilla, el que no le comprende, el que no le aprecia, el que lo odia, que la vida le ha pagado mal, que las circunstancias le han sido adversas, que el problema es quizás del sistema político, del sistema social, del sistema financiero, del vecino, del hermano, de cualquier otra persona o cosa, menos de uno. Y cuando esto sucede, uno se convierte en una persona vana, a-margada, rencorosa y esto, indefectiblemente, origina sufrimiento. Y lo más importante es que me hace sufrir indefinidamente, durante toda la vida porque, si no reconozco la culpabilidad en mí, entonces siempre estaré buscando culpables afuera y, como quiera que siempre me las ingeniaré para encontrarlos afuera, siempre recaeré en mi estado de vanidad, de amargura, de rencor, etc., y esto, indefectiblemente, me hace sufrir.

Si siempre busco un culpable afuera, siempre voy a sufrir. Y la razón es sencilla: no voy a tener la opción por mí mismo de modificar esas circunstancias que me suceden. Visto de este modo, es como si yo intentara andar entre personas que de instante en instante me hacen zancadilla de modo que caigo. Pero como inevitablemente tengo que seguir caminando, entonces siempre van a haber vándalos haciéndome zancadilla (los culpables) y siempre voy a estar cayendo y culpando.

Situación diferente es si advierto que si he caído ha sido por mi propia culpa, por mi propia acción, omisión, negligencia, falta de precaución, pericia, astucia, o por no haber comprendido o despertado conciencia. Entonces, si la culpa es mía, puedo e-valuar en dónde he fallado para corregir y no caer más. Pero si la culpa es del otro, entonces estaré sufriendo permanentemente por cuanto no puedo cambiar al otro, no puedo ponerle un fusil en la frente para que lo haga ¿me sigues en esto? ¿Comprendes la relevancia de esto?

Y sufro porque el sólo hecho de culpar me genera desgaste, amargura, malentendidos, disgustos, peleas y, por si fuera poco, me estanca, me impide avanzar (porque pienso que la culpa está en el otro y no en mí).

Es verdad que a veces se hace un poco difícil no ver en el otro al culpable, pero si abro los ojos y observo, me doy cuenta que el ser humano no es infalible, que duda, que cambia de opinión, que yerra. Y todo ello es muy natural, es la esencia misma del ser humano actual. Entonces, si alguien me traiciona ¿no es acaso algo "normal"? Lo extraño sería que no hubiera traición en el mundo. En este sentido, más que culpar, comprendo, y al comprender, el dolor es mínimo y, eventualmente, desaparece.

2.2.   LA NO ESPERA

Buena parte de las veces en las que uno culpa a alguien es porque había un estado de espera. Esperaba no ser calumniado, herido, abandonado, despedido, criticado, delatado, etc. Pero cuando uno no espera nada, de nada ni de nadie, entonces no hay culpables de las situaciones que pasan en nuestra vida. En la no espera se sintetizan en forma armónica los restantes consejos para la vida.

Cuando abro los ojos y veo, me doy cuenta que en el mundo viven seres humanos. Y cuando observo más detenidamente me doy cuenta que el ser humano no es perfecto, que es falible, que duda, que yerra. Todas estas condiciones hacen que haya violencia y desequilibrio en el mundo, esta es la dinámica del mundo, la vida tiene todos esos matices y, de algún modo, resultan naturales pues, si el ser humano es imperfecto, es natural que haya desequilibrio en el mundo.

Esa violencia y desequilibrio no hacen acepción de personas y, eventualmente tocan a cualquiera. Y yo estoy vivo y estoy en el mundo, así que la posibilidad de que esa violencia y desequilibrio me alcancen es algo real, existe. Y, a su modo, es algo normal y natural, es la dinámica del mundo y de la vida.

Cuando uno cae en la cuenta de todo ello, más que buscar culpables, comprende, entonces no se espera. Sé que en el mundo hay violentos y ¿qué puedo esperar de los violentos? Uno mismo actúa de forma violenta en muchos instantes de la vida. Cuando uno observa el mundo y comprende, entonces el mecanismo de la espera cesa.

2.3. CULPA POR ACCIÓN

En la mayor parte de las veces las circunstancias adversas que afectan nuestra vida son originadas por una acción directa por parte de nosotros. Por ejemplo, fácilmente podemos quejarnos de la pérdida del hogar, del trabajo, de nuestra situación económica, etc. Y fácil resultaría culpar a nuestra pareja, al compañero de trabajo, al jefe, etc., y no advertir que soy un alcohólico, un despilfarrador, un holgazán, etc.

Cuando soy un alcohólico lo más posible es que la mayor parte del dinero que logre ganar sea destinado a la adquisición de alcohol. Cuando eso sucede se altera mi economía en forma dramática puesto que, aunque se tratara de un pan, es un pan que dejará de recibir mi hogar, mi pareja, mis hijos, etc. Entonces seré infeliz porque si mi situación económica es precaria, no podré disfrutar de algún tipo de bienestar.

Pero la situación no para ahí y afecta muchos ámbitos. A nivel afectivo mis borracheras generarán conflicto en mi relación de pareja, y vendrán los disgustos, las peleas, los malos tratos, y esto también se extenderá a mis hijos. A nivel de salud, arruínaré mi cerebro paulatinamente y con él, mis facultades y, eventualmente, sufriré cirrosis, pérdida de memoria o cualquier otra enfermedad asociada al consumo excesivo de alcohol. A nivel laboral eventualmente no rendiré, eventualmente lo notarán y eventualmente me despedirán. Si la situación se agudiza un poco más, inclusive puede que llegue al punto de recurrir a las casa de empeño, a los préstamos bancarios, y todo ello podría llevarme inclusive a la pérdida de la casa y a la calle. En todo este ínterin pueden surgir muchos culpables, pero la verdad es que sólo hay un único culpable: yo. Mis acciones han desencadenado toda una serie de reacciones.

Alguien podría golpearme sin que yo ni siquiera le levantara una ceja, y podría juzgarlo de culpable. Pero posiblemente no le cumplí aquello en lo que me había comprometido, o posiblemente he tenido amoríos con su esposa, o le he calumniado, etc. Yo podría culparlo de violento, pero hay una culpa subyacente que lo ha originado todo.

Una conducta correcta es la mejor forma de prevenir que alguien intente o acometa algún mal contra mí. Y esa conducta correcta mía no es culpa del otro, sino que concierne a mí, es mi propia responsabilidad. Es difícil que otra persona intente o acometa algún mal contra mí a menos que yo hubiera tomado la iniciativa. Ni siquiera las personas a las que llamamos malas lo hacen. Incluso los malos aman y protegen a los suyos, a su familia, y normalmente no intentarían nada malo sino con aquellos con quienes rivalizan, normalmente no intentarían nada contra aquellos que no les han causado mal. No que no pueda suceder, pero la posibilidad de que alguien a quien no le he hecho absolutamente nada atente contra mí es muy mínima, y sólo lo hace un loco, una persona fuera de sí.

Si mi conducta es correcta la posibilidad de que hiera a un tercero, aunque puede que no desaparezca, sí se reduce considerablemente. Y si no hiero a un tercero, es muy improbable que ese tercero lo haga conmigo. Pero si mi conducta es incorrecta, es probable que un tercero me hiera. La culpa original no ha sido del tercero, sino mía, por no modificar mi conducta.

2.4.   CULPA POR OMISIÓN

La culpa por omisión es muy diversa. Cuando se hace injusticia en el mundo y no lo denuncio, hay culpabilidad. El nivel de culpabilidad se dividirá entre el conjunto y, por lo general, resultará mínima, pero existe. No es que la omisión siempre sea necesaria, y lo mismo sucede con la acción. Debemos actuar cuando sea correcto, cuando sea el momento, y debemos omitir cuando sea correcto, cuando sea el momento.

Una palabra no dicha en el momento oportuno también es omisión. Una palabra dicha en el momento preciso puede matar como salvar. Y una palabra no dicha en el momento preciso también puede matar como salvar. A veces hablar es un delito, y a veces callar también es un delito. Debemos saber leer, interpretar el momento en que una acción o una omisión deben operarse.

Esta cuestión de la omisión parece que no fuera tan grave, pero resulta absolutamente relevante. En la vida diaria sufrimos constantemente por omisión, la mayoría de las personas sufre constantemente por omisión. Por ejemplo, sabemos que para estar saludables es preciso alimentarnos en forma adecuada, hacer ejercicio, tomar abundante agua, etc. Sin embargo, es algo que omitimos muy frecuentemente.

¿Cuántas veces camino al parque? ¿Cuánto tiempo dedico al ejercicio? ¿Cómo me alimento? ¿Respiro en forma correcta? ¿Hago meditación? Meditar no es algo más espiritual que terrenal, y consiste simplemente en relajar tanto el cuerpo físico como la mente. Al hacerlo, el nivel de estrés se reduce, las capacidades cerebrales se potencian, estamos más tranquilos, atentos, etc.

La omisión de todos estos aspectos eventualmente hará que nuestra salud se degrade o se vea afectada. Puedo idear que tal dolencia es la voluntad de alguna figura divina, puedo culpar al médico por su falta de pericia, puedo culpar a mi pareja por no acordarme de la cita médica, puedo culpar a los genes, a las cuestiones hereditarias pero, más allá de eso, hay una culpa subyacente que es sólo mía, que es mi responsabilidad.

Es verdad que hay patologías que se sustraen a ello, lo cual hace parte de la dinámica de la vida pero, incluso aquí, invariablemente mi omisión habrá venido a contribuir a que mi situación se agudice, a que mi estado de salud empeore, se haga crónico, etc. Nadie me ha impelido a dicha omisión, o acción, y si alguien lo ha hecho, inclusive ahí hay responsabilidad mía por haberlo aceptado o permitido, por no haber buscado una solución.

2.5. CULPA POR NEGLIGENCIA

Cuando uno no aprende algo entonces no tiene conocimiento, y esa ausencia de conocimiento es ignorancia, ignorancia de algo. No aprender, o no buscar aprender algo que previsiblemente resulta necesario, es negligencia y, eventualmente esa ignorancia hará que erremos y, al errar, se generará dolor. Ese sería el límite al que puede llegar nuestra culpa por negligencia (culpa por ignorancia) y, aunque en dichos casos nuestro porcentaje de culpa es realmente bajo, a cambio queda el dolor, bien físico o psicológico y, como quiera que conviene eliminar o reducir al máximo todo tipo de dolor psicológico, es preciso también reducir al máximo todo tipo de negligencia.

Y hay muchas formas de negligencia. Cuando uno no cumple con su obligación hay negligencia. Cuando uno no pone atención necesaria en algo que se presume relevante hay negligencia. En un fallo involuntario hay negligencia. En una confianza excesiva o sin base hay negligencia. Uno debe desconfiar hasta de sus propios sentidos pues es claro que nos engañan a menudo.

Uno podría, por mera confianza, dejar a su hijo a los cuidados de alguien, sólo porque tuvo la confianza de hacerlo y, si esa persona llega a maltratarlo o abusarlo, hay negligencia propia. Es verdad que hay culpa en la persona que lo maltrató o lo abusó, y es verdad que su culpa es mayor que la propia, pero nuestra negligencia, amplia o no, lo ha permitido, lo ha posibilitado.

Uno podría arrojar una cáscara de banano a la calle y si otra persona llega a pisarla y cae y se lesiona, hay total negligencia de mi parte. Puedo culpar a esa otra persona aduciendo que fue su falta de cuidado, puedo culpar a la empresa de aseo por no recogerla, puedo culpar a la administración pública por no disponer de cajetines de basura pero, más allá de todos esos presuntos culpables subyace mi propia culpa.

Uno podría envasar un veneno o un producto tóxico en un frasco sin etiqueta alguna, y si alguien llega a ingerirlo, uno mismo es el directo culpable, independientemente de cuál sea la situación por la cual la otra persona llegó a ingerirlo.

En buena parte de los casos la negligencia o la falta de diligencia no llegarán a causar algún desastre, pero cuando lo hagan, generarán conflicto, tragedia, dolor y diversidad de situaciones adversas que, de un modo u otro, nos afectarán. Y si lo deseo, siempre podré encontrar culpables para mis negligencias, pero si lo hago debo ser consciente que será virtualmente imposible que acabe con ellas, lo que invariablemente me seguirá manteniendo atado al círculo vicioso del dolor.

2.6. CULPA POR FALTA DE PRE-CAUCIÓN

Existe una línea delgada entre la culpa por negligencia y la culpa por falta de precaución y, en algunos casos, hasta tendrán raíces mutuas. No hay negligencia en caminar al otro lado de la calle cuando el semáforo me ha dado vía a mí como peatón, pero sí hay falta de precaución y previsión en no mirar que un carro o una moto pretenda pasar, inclusive cuando el semáforo no le ha dado paso; quizás viene un conductor ebrio, quizás el auto viene sin frenos, o quizás alguien ha entrado en ira extrema y está dispuesto a matar a otro.

No hay negligencia en caminar por un bello parque, pero sí hay falta de precaución si lo hago a la una de la mañana, momento en el que eventualmente hay ladrones, y eventualmente me asalten y me hieran. Puedo culpar a Dios, a la vida, a la mala suerte, a la policía por no haber estado presente, al alcalde, a los amigos que me insistieron para seguir embriagándonos, etc., pero más allá de todo hay una culpa mía, sin la cual nada habría sucedido.

En muchos otros casos, al igual que con la negligencia, la falta de precaución se origina por confianza excesiva o sin base sólida, por lo que la precaución deberá traducirse en desconfianza. Esto no significa que vea en las personas a un enemigo, a alguien que desea traicionarme o cosas similares, sino que vea en el otro a un ser humano, nada más y nada menos. Y los seres humanos no somos perfectos, no somos infalibles y, por consiguiente, podemos equivocarnos, fallar.

2.7. CULPA POR FALTA DE PERICIA

En este tipo de casos lo más posible es que tengamos que equivocarnos necesariamente para poder desarrollar la pericia, la prudencia o la habilidad que requiere determinada acción o asunto, pero, incluso allí, hay culpa. Es una culpa necesaria, es un mal provechoso que, eventualmente, nos generará malestar, dolor, malas situaciones, etc., pero que debemos aprender a sortear de la mejor manera.

Una inducción a un trabajo es un buen ejemplo de ello. Seguramente he recibido los instructivos requeridos para llevar a cabo mi labor, seguramente se me ha preguntado si tenía alguna duda al respecto a lo que, naturalmente he respondido que no, pero también seguramente en algún momento surgirá la acción equivocada de mi parte y ¿a quién puedo culpar? Es decir, podré culpar a muchas personas, circunstancias y cosas dependiendo del caso pero allí realmente hay culpa propia por falta de pericia en la labor que debo realizar. Y esto, naturalmente, generará malestar, malas situaciones, incomodidad, etc. Es un mal necesario, un mal que resulta provechoso. Seguro que intentaré prestar mayor atención, seguro que la pericia y el tacto surgirán paulatinamente y las situaciones incómodas se reducirán al punto de desaparecer. Pero la falta de pericia no sólo se da a nivel laboral. En la vida diaria, en la interacción social surgen de instante en instante situaciones que requieren tacto para poder ser manejadas, la palabra precisa en el momento preciso, la acción correcta en el momento correcto.

Es verdad que eventualmente fallaré en algo, pero si no culpo a nadie cuando la culpa ha sido mía, si no pretendo ver culpables donde no los hay, si reconozco mi propia culpa, difícilmente surgirá alguna situación que no sea solucionable y me evitaré dolor.

2.8. CULPA POR FALTA DE ASTUCIA

La falta de astucia es ingenuidad, y la ingenuidad genera sufrimiento; sin embargo, la astucia utilizada en forma equivocada, también genera sufrimiento. Hay un tipo de astucia que se convierte en algo fraudulento, hay un tipo de astucia que resulta delictuosa, hay un tipo de astucia que se utiliza para hacer sufrir a otras personas y, sin duda, no es la astucia a la que nos referimos. Recursividad es diferente, audacia es diferente, no dejarse hacer zancadilla es diferente; hallarle una solución brillante, inesperada o atípica a un problema, sin afectar a nadie, es diferente.

En la mitología griega Ulises, en la peripecia que ha de conducirle de regreso a casa, pasa por la isla de las sirenas. El problema es que el canto es tan bello, y atrae de tal manera al que lo escucha, que no puede resistir su hermosura y se lanza al mar, atraído por el canto, o desvía su nave hacia las rocas de donde procede, lo que lo hace perecer. Sin embargo, Ulises, consciente de eso, pide a su tripulación que se tape los oídos con cera de abejas, mientras que ordena que a él lo aten fuertemente al mástil de la embarcación de forma que le sea imposible desatarse por más bello que resulte el canto. Entonces se convierte en el único humano que logra escuchar el canto sin perecer. He ahí una solución astuta y audaz.

En una ocasión un hombre justo fue acusado y llevado al tribunal. El juez, que también hacía parte del complot para llevarlo a la horca, y presumiendo un juicio justo, argumentó que dejaría su suerte en manos de Dios y que escribiría en un papel la palabra "culpable", y en el otro la palabra "inocente". La que el hombre escogiera, esa sería su sentencia. Por supuesto, el juez había escrito en ambas papeletas la palabra "culpable" así que, cualquiera que escogiera le llevaría a la horca, entonces ¿qué hacer? Sin embargo, el hombre se percató de la conjura y encontró una solución brillante. "Escojo esta", dijo, y de inmediato se la llevó a la boca y se la comió. Pero ¿qué has hecho? ¿Cómo vamos ahora a saber el veredicto? Le reprochaban algunos, notablemente indignados. Es muy sencillo, respondió el hombre, sólo falta abrir la otra papeleta. Si en ella dice inocente, entonces escogí la que decía culpable; pero si dice culpable, entonces escogí la que decía inocente[1].

La astucia de la que hablamos consiste en conseguir algo en forma ingeniosa, mediante algún ardid brillante, sin caer en la maldad o recurrir al engaño. No debemos ser víctimas de las circunstancias.

Cuando no hay esa astucia, o esa audacia, es fácil caer en el ardid de otros, en la trampa de otros y eso, evidentemente, nos hará malas pasadas, nos generará molestias de las más diversas. En estos casos es claro que el nivel de culpabilidad del otro se eleva a las nubes, pero inclusive en estos casos uno tiene un pequeño margen de acción para no ser víctima del otro, de las circunstancias, del momento, etc.

2.9. CULPA POR FALTA DE COMPRENSIÓN

Si una persona ingresa a un trabajo, lo más natural es que se muestre receptiva a las indicaciones para realizarlo, conocerá la misión, la visión y los objetivos de la empresa en la que se desempeña y pondrá toda su capacidad para realizar su labor en forma óptima y eficiente, etc. Y así lo hará porque es su trabajo, porque le resulta significativo y por-

---

[1] LOPERA GUTIÉRREZ, Jaime, BERNAL TRUJILLO, Martha Inés. La culpa es de la vaca: anécdotas, parábolas, fábulas y reflexiones sobre el liderazgo. Bogotá: Intermedio Editores, c2002. P. 43.

que en él va a pasar una buena parte de su tiempo y de su vida. Procecer así es lo normal, pero si ello es así ¿por qué no procedemos de igual forma, o inclusive con mayor diligencia, con lo más esencial? Y es que hay algo en lo que pasamos más tiempo que en el trabajo o en cualquier otra actividad, que resulta más significativo y más esencial. Ese algo es la vida misma. Estamos en ella, ya nos hemos subido al tren de la vida y en ella nos vamos a desempeñar todo el tiempo hasta que salgamos de ella y ¿nos hemos tomado la molestia de preguntarnos por la misión, por los objetivos? ¿Hemos aprendido la mejor forma de desempeñarnos? La vida requiere de enorme comprensión para no sufrir y para no ser víctima de nada. Es verdad que dicha comprensión no es algo mecánico ni instantáneo, no funciona igual que un paraguas al que dices: te abriré porque está lloviendo. No puedes decir: voy a comprender ya porque lo necesito, no puedes activar el botón de encendido y apagado.

Pero puedes hacer algo mejor: intentar ser más comprensivo, más reflexivo, más observador y, principalmente, auto-observador. La comprensión se irá desarrollando paulatinamente, progresivamente. Pero no se trata de forzarla tampoco, la comprensión no funciona necesariamente como un músculo que entre más se ejercite más en forma está. Pero tampoco se trata de no hacer ningún esfuerzo por comprender. Se trata del equilibrio armónico. Hay comprensiones que, por más que lo intentemos, no llegarán, y será la vida la que, a su debido momento, nos las proporcione. Si somos comprensivos y reflexivos, cuando ese momento llegue, podremos capturar el sabor de esa comprensión, hacerla nuestra.

No nos referimos aquí a entender o justificar la posición ajena, a consolar o darle palmaditas en la espalda al otro, sino a capturar el hondo significado de las cosas, su esencia, su razón, su propósito. Uno sufre y hace sufrir por falta de comprensión.

Uno podría ver el sufrimiento del otro, y también sentir dolor. Sin embargo, cuando surge el proceso de comprensión, me doy cuenta que el otro también está en un proceso de aprendizaje, en un proceso de comprensión y que, cuando esa comprensión también surja en el otro, desaparecerá el dolor. Esto tampoco significa que deba volverme un indolente y eventualmente podré ayudarlo; sin embargo, no podré inyectarle, como si de ósmosis se tratara, lo más importante: la comprensión.

Cuando uno no comprende, entonces se vuelve víctima de todo y de todos, y todo y todos vienen a ser los culpables, menos uno mismo. Entonces, si lloro es porque el otro me lastimó. Veo la culpa en el otro, pero no en mí mismo. Es como si le diera total capacidad al otro, anulando mi propia capacidad, mi propia decisión, mi propia libertad de transformar mi presente.

Si lloro no es porque el otro me haya lastimado, sino porque no tuve la comprensión para no estar o evitar un ambiente en el que fuera lastimado, o porque lo lastimé primero, o porque de mi cuenta lo he permitido, o porque no he comprendido la causa misma del dolor. Cuando uno comprende la causa misma del dolor, entonces el dolor desaparece.

Cuando la comprensión surge entonces, más que culpables, hay comprensión. Esto, por supuesto, no quita el hecho de no reclamar cuando, en justicia, tengamos la razón; no quita el hecho de la legítima defensa, no quita el hecho de no denunciar una injusticia. A su vez, el proceso de comprensión no significa tampoco que caminemos hacia el juez para declararnos culpables de todo porque, de otro modo, todos deberíamos vivir recluídos en la cárcel. Culpar a alguien injustificadamente me hará su enemigo, y dejarme culpar injustificadamente me hará víctima de las cicunstancias.

En la culpa por falta de comprensión se hallan contenidas las demás. Cada cual actúa en forma diferente ante el mismo obstáculo dependiendo de su propia comprensión, u omite en razón de su propia comprensión.

La comprensión está más allá de las convenciones de urbanidad, de los sistemas éticos o morales. La misma moral se acomoda de tiempo en tiempo y de lugar en lugar. Lo que ayer era inmoral quizás hoy ya no lo es. Lo que es moral aquí quizás es inmoral en otro lugar.

La misma virtud es nociva fuera de su sitio pues ¿qué podríamos pensar del hombre servicial que le presta el cuchillo a un hampón? ¿Qué pensaríamos del hombre virtuoso que, por no decir una mentira, delata el paradero de un amigo al que un malhechor desea perjudicar? ¿Qué pensaríamos de aquel que por no matar a un hombre, permite que ese hombre mate a mil? Entre un bien y un mal (¿qué es lo malo?) lo natural es que se elija el bien. Pero entre dos males que debamos elegir, lo natural es elegir el menos nocivo.

En la vida diaria uno podría construir un escalón, y no habría culpa por acción, ha quedado hermosamente construido. No habría culpa por omisión, porque se ha hecho el trabajo, incluso diligentemente. Posiblemente ese escalón ha sido construido en forma audaz y no ha habido negligencia, ni falta de precaución o de pericia. Sin embargo, se ha puesto ese escalón justo en el lugar donde a diario pasan personas invidentes o inválidas. Allí hay culpa por falta de comprensión.

Un hombre rescata a un bebé malherido de un basurero y lo entrega a su madre. Allí hay culpa por falta de comprensión.

Una persona va cayendo a un abismo (al otro lado hay suelo firme) y le pide ayuda a otro, pero el otro se niega a darle una patada fortísima. Allí hay culpa del que se negó a darle un golpe fortísimo por falta de comprensión.

Cuando el amor y la compasión van acompañadas de comprensión puede darse que se hagan acciones que difícilmente pueden ser comprendidas y, sin embargo, aunque resulten incomprendidas por el mundo entero, la conciencia nos dirá que hemos hecho lo correcto. El amor no es más amor sólo a base de caricias y de besos, y a veces duele, a veces tiene sus caminos secretos.

2.10. LAS CICUNSTANCIAS FORTUI-TAS O INTALTERABLES

En la vida hay situaciones que simplemente suceden y que no son culpa nuestra. Así es la vida, es lo que hay, son circunstancias fortuitas. Por ejemplo, una mentira que nos hacen, un desastre natural, un hecho de vandalismo, ser despedido del trabajo, una ruptura amorosa, un accidente, la muerte de un ser querido, padecer de determinada enfermedad, nacer, morir, y cosas por el estilo.

No es que no tengamos culpa en absoluto, pero podría darse el caso que se sustrajera a lo que humanamente podríamos haber hecho. Por ejemplo, si alguien me dice una mentira, podría tener culpa, no de la mentira en sí, pero sí de los efectos por no haberme informado adecuadamente al respecto acerca de la veracidad de lo expresado. Pero si me documento con diligencia, cualquier tipo de culpabilidad se disuelve.

En el caso de un desastre natural, uno puede asegurarse de construir con la norma antisísmica en un sitio donde previsiblemente no va a ocurrir un terremoto ni ningún otro tipo de desastre natural, pero aun así suceder el desastre. Aquí no hay culpa de nada ni de nadie. Así es la vida, es lo que hay, son circunstancias fortuitas. No es la culpa ni de Dios ni del diablo, ni es el castigo de nadie, es la vida ejerciendo su soberana y absoluta libertad.

En determinados casos tampoco tengo la culpa de enfermar, cuando tal es el caso entonces se trata de la natural degradación de todas las cosas en el tiempo. No tengo la culpa de que un ser querido muera (a menos que tenga la culpa). No tengo la culpa de haber nacido, pues la vida simplemente sucede, no tengo la culpa de morir, pues la vida y la muerte son una, sólo dos aspectos de un mismo fenómeno. Así es la vida, es lo que hay, y no hay aberración en ello.

Que no tenga la culpa, no significa necesariamente que deba haber un culpable. Y si lo hay, puedo denunciar (es posible denunciar sin culpabilizar, es decir, sin generar el drama psicológico en nuestro interior). Cuando culpo a algo o a alguien se genera sufrimiento en mi vida, pero cuando denuncio hay paz y conciencia tranquila.

CAPÍTULO 3

SÉ CONSCIENTE DE QUE NADA ES TUYO

3. SÉ CONSCIENTE DE QUE NA- DA ES TUYO

> Sé consciente de que nada es tuyo.
> No te apegues, no generes adherencia.

Todo es efímero. Si abro los ojos y veo, me doy cuenta que todo se degrada en el tiempo, que es fugaz, que tiene un lapso de vida determinado. Da igual si se trata de una pequeña flor o de una galaxia, si se trata de un átomo o de un universo.

Imagina que abres la mano y que, de vez en vez, de ella surge una hermosa flor. Imagina que esa flor sólo dura un segundo, que tan pronto como aparece, desaparece. ¿Podrías decir: esta flor es mía? Esperas otro instante y vuelve a aparecer otra flor pero, igual que la anterior, sólo dura un segundo. ¿Podrías decir: esta flor también es mía? Seguro que, antes de que lo digas, ya habrá desaparecido. Y la flor ¿podría decir: esta mano en la que he nacido, esta mano en la que habito, es mía? Seguro que, antes de que lo termine de decir, ya habrá desaparecido.

Esa misma fugacidad es atributo inherente a todo. Todo cambia, todo muta, todo aparece, dura por un instante, y luego desaparece, se transforma. En ese orden de ideas, el sentido de propiedad que tenemos es errado pues no somos poseedores de nada, no podemos poseer nada, y todo son cosas, sueños, circunstancias, personas, etc., que la vida nos presta por un instante.

La vida ilimitada, como expresión cósmica, como expresión de todas las realidades, nos presta, inclusive, la vida limitada y fugaz que ahora mismo tenemos. Mediante ella podemos hacernos la ilusión de que poseemos otras cosas, bien sean materiales, físicas, emocionales o abstractas, pero no es así. Nuestra propia psicología, como mecanismo de protección, se hace a la idea que tiene algo, algo a qué aferrarse, como forma de consuelo, para sobrevivir, para no sentir que sólo hay vacío (y mientras no veamos ese vacío inenarrable y absoluto, no puede comenzar a ser llenado, no podremos experimentar de ese *vacío-plenitud*).

Entonces comienza la carrera de la acumulación, entre más acumulamos pensamos que más tenemos, que más "llenos" estamos; entonces pensamos que tenemos una casa, un amoblado, un carro, una familia, un empleo, un afecto, un futuro, etc., etc. Y todo ello nos sirve para sobrevivir, es verdad, nos sirve para la superficie, pero no para lo más esencial, para no sufrir, para experimentar la dicha de la tranquilidad. Pero más tarde que temprano surge el deseo, el apego, la adherencia, y es allí donde comenzamos a sufrir.

Todo sufrimiento emocional, todo sufrimiento afectivo, todo sufrimiento psicológico surge del deseo, del apego, de la adherencia, y estos, a su vez, surgen de la interacción con las diferentes circunstancias de la vida cuando no ha mediado la comprensión. Y no se trata de no interactuar —cosa por demás imposible–, sino de comprender en la interacción. Pero ello no es todo pues, por un lado está la misma dinámica de la vida y la interacción con ella, pero por otro lado está lo que nosotros somos en esencia: un vacío, mismo que uno espera sea llenado, agrandado, modificado, superado, iluminado, etc. Pero ese vacío no puede ser llenado por ningún mecanismo, y todo lo que intentes será vano. Lo único que puedes hacer es verlo y reconocerlo en toda su vehemencia, en toda su infinitud; cuando esto sucede, entonces descubres que ese mismo vacío es la plenitud. No es que el vacío desaparezca, ni que se llene (realmente no se llena), sino que se convierte en plenitud, en totalidad.

Si miras hacia el firmamento en un día despejado, puedes ver que sólo hay un vacío infinito, vehemente, de vértigo; pero a su vez, ese mismo vacío se convierte en totalidad, en plenitud, es todo lo que hay en ese instante, es el vacío más inenarrable pero, a su vez, es la plenitud más completa. Y cosa similar ocurre con el *vacío-plenitud*.

3.1. NO ERES PROPIETARIO DE TI MISMO

Uno pensaría que uno mismo sí es el propietario de sí mismo, que nuestra propia vida nos pertenece por cuanto podemos hacer con ella lo que queramos, porque tenemos libertad, libre decisión etc. Sin embargo, no es así. Por una parte, la libertad que tenemos es una libertad condicionada. Es la misma libertad que tiene el perro atado con dos metros de collar. No somos libres de extinguir nuestra conciencia, no somos libres de transformarnos en una planta, no somos libres de volar, de correr tan rápido como la luz, etc. Tenemos un rango de libertad, es verdad, el rango que nos permite nuestra condición humana, pero no tenemos libertad absoluta.

Así mismo, nuestro libre albedrío está realmente condicionado a nuestra misma configuración psicológica. Si soy iracundo no puedo decir: vamos, desde hoy he tomado la decisión de no tener más iras. Si no amo a una persona no puedo decir: en mi libre albedrio y determinación he decidido amarla a partir de hoy. Esto no significa que el iracundo no pueda trabajar sobre sí mismo para, eventualmente, eliminar de sí esa configuración psicológica, ese software psicológico, pero sí significa que no tenemos ni libertad ni libre albedrío absolutos.

Así mismo, no tenemos posesión de nuestra propia vida, o mejor, de lo que somos como conciencia. Cuando uno posee algo puede vender ese algo, puede cambiarlo, regalarlo, destruirlo, fusionarlo, etc. Sin embargo, no podemos vender nuestra conciencia, no podemos regalar nuestra vida, no podemos fusionarla con otra vida; no puedo transferir mi experiencia, no puedo restarle años a mi vida para ponerlos en otra vida, ni puedo recibirlos de otra persona, no puedo elegir dejar de existir o perpetuarme como manifestación cósmica. Puedo eliminar mi cuerpo, pero no puedo eliminarme a mí mismo como conciencia, como manifestación cósmica, como flujo de vida.

3.2. NO ERES PROPIETARIO DE LAS COSAS

Es fácil caer en la trampa de pensar que uno es poseedor de las cosas, que son nuestra pertenencia. Sin embargo, si hemos comprendido el ejemplo de la flor que sólo dura un segundo, comprenderemos que, por más duración que pueda tener algo, tarde que temprano se terminará degradando al punto de desaparecer. Es verdad que uno necesariamente tiene que hablar de cosas como "mi casa", "mi apartamento", "mi carro", "mi celular", "mi ropa", etc., y está bien siempre que se quede sólo como una expresión y seamos conscientes de que realmente no nos pertenecen.

Puedo *poseer* una casa mientras dura mi existencia, pero eventualmente moriré y ya no puedo *poseerla* más. Esto es incuestionable y decisivo. No podré vivir más allá de determinado número de años, tras lo cual eventualmente moriré y todo lo que considero mío, lo quiera o no, dejará de serlo, pasará a otras manos –posiblemente a las que menos quisiera– y nada podrá evitarlo; lo que pondrá de relieve la verdad fundamental de que nada es nuestro, que no somos poseedores de nada. De esa forma, no puedo poseer ni mi carro, ni mis muebles, ni mi dinero, ni mis uñas, ni mis ojos, etc. No puedo poseer cosa alguna y sólo está en mi poder en calidad de préstamo, de comodato. Cuando uno se hace consciente de ello entonces se reduce considerablemente el proceso del apego, de la adherencia. Entonces uno sabe que las cosas están ahí para aprovecharlas, para beneficiarnos de ellas, que sirven para proporcionar bienestar, pero que no son nuestra propiedad.

"Poseer" no es malo, pero sacrificar nuestra vida, nuestra salud, nuestra tranquilidad, por tener más allá de lo necesario para asegurar nuestro bienestar y vivir con comodidad no tiene sentido, no merece nuestro desgaste y, en ello, nos olvidamos de disfrutar. No es cuestión de posesión, es cuestión de bienestar; no podemos poseer lo que es efímero, transitorio, lo que desde ya está desapareciendo, uno mismo desde que nace ya ha comenzado a desaparecer.

"Poseer" no es malo y, de hecho, uno tiene el legítimo derecho de tener lo suficiente para vivir con comodidad, para no pasar penuria, pero tampoco en exceso de modo que nuestro exceso de comodidad sea la penuria de otro.

"Poseer" no es malo, siempre que uno sea consciente de que las cosas no son una posesión inexorable, siempre que uno sea consciente de que sólo están en mi mano en forma transitoria (como la flor que dura un segundo en mi mano). Si esto no sucede así, entonces, tarde que temprano terminaré por llenarme de codicia, de soberbia, de orgullo, y pensaré que el otro es inferior sólo por el hecho de que no posee o que posee menos. Pero eso no es lo peor; lo peor es que crearé apego y adherencia por las cosas y eso, en algún momento, me causará dolor.

Diariamente las personas sufren por ese apego y esa adherencia porque, como no son una posesión inexorable, eventualmente se van de la mano y se pierden. Uno podría pensar que tiene una casa, y al otro día viene un terremoto y la derrumba. Uno podría pensar que tiene un carro, y al otro día un ladrón se lo lleva. Uno podría pensar que tiene los muebles, y en breve se deterioran. Entonces comienza el sufrimiento; cuando hay ese apego enfermizo por las cosas invariablemente se genera sufrimiento cuando se pierden. Y esa adherencia genera espera. Uno espera que siempre esas cosas estén ahí, que no se vayan, pero la frustración y el dolor vienen cuando desaparecen de nuestra vista.

Y no se trata sólo de la pérdida de grandes cosas. En el diario vivir las personas se introducen en broncas por una moneda, pierden una amistad por un pedazo de plástico, se hacen herir y hasta matar por un teléfono, prefieren perder la tranquilidad, pero no un calcetín. En suma, no sólo se trata del dolor psicológico que se genera cuando se pierde aquello de lo que me he creído "poseedor", sino de las tragedias que se forman cuando hago resistencia, cuando me opongo a perder eso a lo que me he apegado. Las cosas físicas se consiguen muy fácilmente, pero no lo mismo sucede con la vida, la salud y la tranquilidad.

3.3. NO ERES PROPIETARIO DE LAS SITUACIONES

Las situaciones son hijas del tiempo, se suceden en el tiempo y no son eternas, no puedo detener el tiempo para que ellas perduren. Es verdad que uno puede luchar por alcanzar una meta, un logro y, una vez que los ha conseguido, en cierta forma son de uno, es un mérito propio y, por supuesto, uno tiene el pleno derecho de disfrutar de ese momento, de ese triunfo, de esa situación. Pero cosa diferente es pensar que ese momento es mío, y que puedo o debo retenerlo e impedirle fluir.

Uno podría pensar que la juventud es una propiedad y, aunque es relativamente cierto, no lo es en sentido absoluto. Esa juventud es hija del tiempo, se sucede en el tiempo y no es eterna. Puedo pensar que es mía en forma absoluta, puedo aferrarme a ella, pero eventualmente ella comenzará a irse, a alejarse en el tiempo, a ya no ser más mía y, si me he apegado a ella, eventualmente sufriré.

El tiempo va acumulándose sobre las situaciones de modo que el gran triunfo de hoy, comienza a ser pálido en cuanto más tiempo transcurra. Imaginemos, por ejemplo, la izada de bandera o la mención de honor que nos hicieron en la escuela. Evidentemente fue algo hermoso en su momento pero ¿qué pensaríamos si luego de cincuenta años siguiéramos ufanándonos de ello? No tiene sentido, eso es anclarnos al pasado, vivir de hazañas que ya son historia y no permitirnos avanzar hacia nuevos logros. Hay muchas personas que diariamente lo hacen, que viven en el pasado, que no se permiten disfrutar del momento presente.

3.4. NO ERES PROPIETARIO DE LAS PERSONAS

Las personas no somos eternas, nos degradamos en el tiempo y, eventualmente, desaparecemos. Tu padre o tu madre no son eternos, se degradan en el tiempo y, eventualmente, desaparecerán. Tu hijo, aunque piensas que podría morir luego que tú, podría desaparecer mañana mismo. Tu pareja, la persona que te anima, que es tu apoyo, podría mañana ya no estar más en la vida. Esto suena muy trágico, y por ello mismo es usual que sea algo en lo que preferimos no pensar, que evadimos de nuestro espacio psicológico. Sin embargo, el mismo hecho de huir de ello es lo que nos genera dolor cuando, con asombro, debemos contemplar que aquello que evitábamos por todos los medios, surge en forma definitiva ante nuestros ojos.

La persona más querida de nuestra vida podría mañana no estar, y es algo real, absolutamente real. ¿Estás conmigo en esto? Imagínalo por un momento, por un largo momento. Vivimos en un mundo violento, diariamente hay miles de personas que salen de su casa y no vuelven a ella. Esa es la dinámica de la vida. Cuando te haces completamente consciente de ello entonces, más que caer en un estado de fatalidad o de tristeza, te das cuenta de lo valiosa que es esa persona, de lo poco que la aprecias, que es única, que es tan breve la vida para profesarle tu admiración, tu gratitud y tu aprecio. Cuando uno se hace consciente de ello, entonces se goza con la máxima plenitud posible la presencia de esa persona y no hay temor de expresar el amor, de brindar el abrazo, de dejar fluir el beso.

Esa persona no estará eternamente contigo ¿comprendes eso? Dependiendo de cada caso, no podrá estar contigo más allá de 50 años, de 30, de 10, quizás no podrá estar contigo más allá de 5 años, o de dos, o definitivamente no estará contigo más allá de unos cuantos meses más. Cuando uno comprende eso, más que sumirse en un estado depresivo, comprende que el mejor momento para disfrutar al máximo cada instante con esa persona es hoy, ahora mismo. Y cuando eso sucede, cuando uno disfruta al máximo cada instante con las personas que ama, cuando le saca el máximo provecho –porque sabe que no siempre van a estar presentes–, entonces no surge el proceso del dolor cuando ya no están o, al menos, no surge con tanta intensidad y uno puede tener paz y tranquilidad. Se queda con la satisfacción que hizo todo lo posible, lo que estaba a mano, que amó, que viajó, que disfrutó, que fue feliz con esa persona. Pero es importante hacerlo consciente de que esa persona es algo efímero, que eventualmente ya no estará. Entonces, como eventualmente ya no estará, lo mejor que puedo hacer es disfrutarla al máximo mientras esté presente. Cuando uno se hace consciente de que las personas queridas son efímeras, entonces el proceso del apego no surge o surge con menor intensidad. En muchas ocasiones las personas sufren tras la pérdida de un ser querido porque queda un remordimiento inmenso, bien consciente o subconsciente, y tal remordimiento obedece a no haber disfrutado al máximo con esa persona, no haberse dado al máximo.

Las personas no son tuyas, no puedes poseerlas, no son eternas. Pueden florecer en tu mano por un instante, por un segundo, pero luego desaparecen. Y no hay nada de malo en ello, no hay ninguna aberración. Esa es la dinámica de la vida. Nada es eterno, todo es fugaz. Ni siguiera las estrellas duran para siempre, ni siquiera las galaxias, ni siquiera el universo mismo.

Cuando uno comprende esto íntegramente entonces no se aferra a las personas, no surge el proceso del apego, de la adherencia, y simplemente disfruta al máximo el momento mientras dura. Lo mejor que uno puede hacer en estos casos es dar lo mejor de sí. Cuando uno da lo mejor de sí entonces no surge el proceso del remordimiento cuando llega el momento de la partida.

Similar cosa sucede con el amor cuando mengua o se extingue y la persona amada se distancia. Y es que, contrario a lo que siempre nos han dicho, el amor no es infinito ni eterno; puede que dure mucho tiempo, pero no es para siempre. Algunos amores durarán una noche, otros durarán un año, o veinte, o cien, o un millón de años, otros durarán incluso mucho más, pero no durarán para siempre; realmente nada dura para siempre, ni el amor ni el odio, ni la dicha o la tristeza.

Para comprenderlo un poco mejor, miremos la ira que, en cierta forma, puede funcionar como antítesis del amor. La ira tampoco dura para siempre. Algunas iras duran unos segundos, otras duran un día, un mes, un año y, si nuestro malestar es demasiado grande, puede durar muchos años, pero no dura para siempre. Lo normal es que dure un instante y luego desaparezca, y es normal, natural, no hay allí nada de antinatural. Y lo mismo sucede con el amor: nace, crece, luego decrece y finalmente desaparece. Claro, uno prefiere autoengañarse y pensar que es para siempre, pero eso es sólo una ilusión y no se corresponde con la realidad.

Si abro lo ojos y veo, me doy cuenta que el amor (el amor de pareja) dura un instante y luego desaparece. Ese instante puede ser un día o cien años, pero es un instante. Ese instante podría ser tres años, o cinco, o veinte. Cuando uno se hace consciente de que lo extraño sería que ese amor durara para toda la vida, entonces es más comprensivo cuando llega el momento de la partida, de la separación, del divorcio. Aquí, al igual que lo expuesto en el caso de la partida física, lo mejor que uno puede hacer es dar lo mejor de sí. Y no importa si ha llegado el momento de la partida, cuando uno da lo mejor de sí entonces no hay remordimiento, sino la sensación de placidez, del deber cumplido. Y no hay pérdida, sino ganancia porque, de una u otra forma, hemos aprendido de la otra persona, hemos crecido, hemos madurado, hemos vivido experiencias. No hay pérdida, y ni siquiera debiera haber reproche, sino gratitud.

Pero que el fuego se extinga no significa que las brasas no sigan ardiendo; el fuego sólo dura un segundo en comparación con las brasas. Y lo mismo sucede con el amor. Que el amor acabe no necesariamente implica partida o separación y, en ocasiones, da paso a algo superior y de mayor duración, un vínculo afectivo que, sin ser amor, lo supera. Se trata de una suerte de amor filial, *per se* más duradero, se trata de la costumbre de estar juntos, de necesitarse, de la complicidad, de la poderosa fuerza de un cariño y aprecio absolutos, de los momentos que se comparten juntos, de la antorcha de una admiración mutua e irrestricta. Cuando el amor se acaba pero queda ello, realmente queda lo mejor, lo más duradero, lo que es suficiente para estar juntos por el resto de la vida.

Ahora bien, que con frecuencia el amor de pareja no dure tanto no significa que los seres humanos no tengamos una gran capacidad de amor. Lo que sucede es que no escogemos a las personas propicias. El amor es como un tipo específico de semilla y esa semilla no puede hallar su plenitud en todo tipo de terreno. Habrá terrenos muy propicios para algunos tipos de semillas, pero el terreno donde una semilla puede transformarse en árbol fragante lleno de las flores más bellas es el mismo terreno donde otra ni siquiera brotaría al punto de extinguirse. El problema no es del amor como tal. El problema es que usualmente uno no da con las personas propicias, y uno se precipita y lo acepta.

El amor dura mientras dura, dice el dicho. Y es verdad. Y mientras dura es bello y nos enriquece como personas. Y lo mejor que uno puede hacer es dar lo mejor de sí mientras dura. Cuando uno sabe que eventualmente acabará, entonces no sufre cuando llega ese momento. Pero si no acaba, entonces vive agradecido, agradecido con esa persona y con la vida.

Las personas no son nuestra posesión, no podemos retenerlas, no podemos cohibir su libertad, no podemos obligarlas a que nos quieran. Las personas simplemente se van sucediendo en nuestra vida, algunas con mayor duración que otras, para propiciar en nosotros un tipo específico de aprendizaje, para nutrirnos con nuevas experiencias, para aportarnos conocimiento, etc. Si lo vemos siempre de este modo, si llegamos a hacernos profundamente conscientes de ello, entonces todo tipo de dolor afectivo, emocional o psicológico por la eventual separación de ellas se reduciría notablemente o, inclusive, desaparecería.

CAPÍTULO 4

NO TE ANCLES
AL PASADO

4. NO TE ANCLES AL PASADO

"No te ancles al pasado, vive el presente". Es algo que podemos leer o escuchar constantemente, pero difícilmente nos hacemos conscientes de ello. Cuando uno espera algo que no llega, cuando uno culpa a alguien, cuando uno se aferra a algo que se va, entonces se genera un proceso de frustración inmensa, de apego, de dolor. Todo ello nos impide vivir el momento presente y nos ancla al pasado, volvemos hacia atrás y revivimos recuerdos y emociones que nos lastiman, que nos laceran, que nos hacen sufrir. Y eso mismo es síntoma de que no se ha dejado ir la situación, que todavía la espina resulta dolorosa, una espina que ya no existe y que uno mismo recrea en forma artificial.

El "si hubiera hecho" o "si no hubiera hecho" no existen en el pasado y sólo son un lastre que creas en forma artificial, que te lastima pero, a pesar de ello, tales lastres son inútiles, no pueden modificar nada. La realidad es esto que hay y así es bella, así nos proporciona el aprendizaje que necesitamos.

Anclarse al pasado me impide avanzar, y es natural pues me aferro a la piedra con la que tropecé ayer, me amarro a ella al punto de no querer abandonarla y preferir llevarla arrastrando, amarrada a mi cintura, llevarla ahora mismo, en este instante, llevarla hacia el porvenir. Quizás comprenda que al aferrarme a ella me lastimo, pero buscaré razones para justificarlo; razones como justicia o amor. Sin embargo, si abro los ojos y veo, me doy cuenta que todo cumple un ciclo en la vida, y una vez que cumple ese ciclo, una vez que el proceso de aprendizaje o la lección para propiciar el aprendizaje se ha llevado a cabo, aquello que una vez fue útil desaparece. Así que ¿para qué revolver las cenizas estériles del pasado? Él ya habló y no tiene nada nuevo que decir.

Esa es la vida, y no hay aberración en ello. Quizás uno pueda ver ahí una perversión de la vida, pero no hay tal, y la vida misma no tiene noción de ello. La vida misma no está para ser perversa o virtuosa, sino para fluir.

Cuando éramos pequeños utilizábamos caminador, y era útil y necesario; pero ese caminador eventualmente cumple su ciclo y ya no está más en nuestra vida. Es útil hasta cierto punto, y deja de serlo a partir de cierto punto. Por supuesto, no podríamos decir que las personas dejan de ser útiles cuando ya no están en nuestra vida, pero sí que cumplen un ciclo determinado en el que nos proveen de algún tipo de aprendizaje o en el que ellas mismas se proveen de algún tipo de aprendizaje.

4.1.   LAS SITUACIONES AGRADABLES

La vida es de contrastes, el ser humano mismo es de contrastes, y precisamente se aferra al pasado especialmente cuando se generan dos tipos específicos de situaciones: las agradables y las desagradables. Las situaciones agradables generan apego y luego dolor. Las situaciones desagradables generan dolor y luego apego. Esto no significa que no podamos ni debamos disfrutar de las situaciones bellas de la vida, del amor, de la amistad, etc. Lo que sucede es que en forma silenciosa se genera apego, en la dinámica diaria, en nuestra interacción con los demás, se genera apego. Y una cosa es el amor, y otra el apego, la adherencia.

Las situaciones agradables que van sucediendo con las personas hacen que nos apeguemos a ellas y, cuando se marchan, cuando la vida las separa de nuestro lado, entonces ese apego se transforma en dolor. Es el dolor de la ausencia, es el vacío que genera su partida. Y ese es el dolor que uno sigue prolongando en el tiempo cuando se sigue aferrando al pasado pues, de instante en instante, sigue evocando los momentos bellos, las situaciones placenteras. Y eso surge del hecho de no haber comprendido que las personas no son nuestra propiedad, que son efímeras, que son como una flor que aparece en nuestra mano, que dura un segundo y que luego desaparece.

Cuando no hay apego ni adherencia, todo tipo de dolor, bien sea afectivo, emocional o psicológico, es más que imposible. Pero si ya ha sucedido, si ese dolor ya está, si ese vacío ya se ha extendido en nuestra tierra, incluso ahí podemos hacer esa misma comprensión en forma retrospectiva. No se trata de olvidar, ni de intentar olvidar, se trata de comprender.

4.2.   LAS SITUACIONES DESAGRA-DABLES

En las situaciones agradables primero se genera el apego, y luego viene el dolor. Sin embargo, en las situaciones desagradables sucede al contrario: primero se genera el dolor, y luego el apego. Por ejemplo, cuando alguien me hiere, sea en la forma que sea, primero está ante mí el dolor, bien sea físico o psicológico y, en un estado posterior, surge el apego, el apego al recuerdo de esa situación, el rencor. Me aferro a esa situación que me ha causado dolor y me niego a dejarla. Y en ese proceso pueden surgir muchas otras dinámicas psicológicas, ansiedad, frustración, ira, impotencia, inclusive venganza, etc. Y todo eso, por supuesto, genera dolor. El apego, en estos casos, en sí mismo es doloroso. El apego genera dolor tanto en forma directa como indirecta, en forma evidente o camuflada. Es verdad que al comienzo el apego podría generar una sensación placentera, pero al final queda el dolor.

El apego, en uno de sus aspectos, surge de la interacción satisfecha, de las "situaciones buenas" —unido a la incomprensión de que todo es fugaz, pasajero, relativo—. El apego, en otro de sus aspectos, surge de la interacción no satisfecha, de las "situaciones malas" —unido a la incomprensión de que todo es fugaz, pasajero, relativo–. Por ejemplo: esperaba afecto, y recibo afecto, entonces se genera un apego de tipo amoroso, o esperaba afecto y recibí maltrato, entonces se genera rencor, revanchismo, una forma específica de apego que me liga, que me adhiere a la situación que me ha frustrado, que me ha generado dolor. Más allá de las situaciones que catalogamos de buenas o malas lo que hay es un proceso de aprendizaje, mismo que no puede ser realizado sin el concurso de ambas.

En el caso de las situaciones desagradables el tipo de apego es diferente al producido por las situaciones agradables, pero también es apego, e implica el recuerdo, y el recuerdo implica la emoción. Sin embargo, si abro los ojos y veo, me doy cuenta que todo cumple un ciclo en la vida, y que inclusive esa situación dolorosa me ha dejado un aprendizaje, o me ha hecho más fuerte, más comprensivo, etc.

El mal en cierta forma no existe, y es relativo. Si un niño mete sus manos al fuego y se quema, eso realmente no es malo, sino una experiencia maravillosa, enriquecedora, que expande su conciencia y que amplía su conocimiento. Pero si ese niño nunca mete sus manos al fuego, aunque no se quemará ni experimentará el dolor, tampoco expandirá su conciencia ni adquirirá el conocimiento que sólo la vivencia puede proporcionar.

Eso que uno juzga malo, por más doloroso que pueda ser, si soy comprensivo, me nutre, me moldea. Además, las circunstancias tanto positivas como negativas, las situaciones tanto agradables como desagradables, son inherentes a la vida misma, ¿eres capaz de ver eso? Ambas suceden diariamente, es la dinámica de la vida misma y suceden a cada instante, en todo lugar, a todas las personas. Y así como pronto y con vehemencia nos lanzamos a experimentar las situaciones que juzgamos agradables, así mismo hemos de tener la valentía de encarar las que no lo son tanto, ser conscientes que pueden suceder en nuestra vida.

Cuando uno procede así entonces se da cuenta que no son más que "gajes del oficio", es decir: situaciones inherentes a algo, como que se desgaste la rueda entre más disfrute el auto, como pincharse el dedo recolectando rosas. ¿Eres capaz de ver esto? Si es así, entonces esto permitirá que te aferres cada vez menos al pasado, que lo dejes fluir, que no lo retengas, que no sigas amarrado a la piedra que te dificulta avanzar, que aprendas a aceptar la vida tal y como es, que disfrutes más el presente, que vivas más tranquilo, que vuelvas a sonreír.

CAPÍTULO 5

PERDONA

5. PERDONA

Hasta este punto hemos abordado diferentes situaciones que generan sufrimiento y dolor de todo tipo, tanto emocional, afectivo, psicológico y hasta físico, y hemos visto los principales mecanismos que nos permiten minimizarlo y hasta eliminarlo. No esperar nada, no culpar a nadie, ser consciente de que nada es nuestro y no anclarse al pasado son la manera más formidable para no sufrir. Hemos desmenuzado cada uno de esos aspectos abordándolos desde una didáctica comprensiva y reflexiva de modo de poder generar un cambio en nuestro interior, un cambio en la forma de ver y abordar la vida.

Cada uno de esos consejos tiene un propósito psicológico definido y busca llevarte a determinada comprensión, y cuando la suma de esos consejos logran interiorizarse en la conciencia de un ser humano, entonces ese ser humano es incapaz de sufrir, o su sufrimiento se reduce considerablemente y, de poco en poco, logra desaparecer. El sufrimiento desaparece cuando hay comprensión absoluta. Sólo es posible comprender cuando uno abre los ojos y ve, cuando observa en la forma más desprevenida, sin ningún tipo de creencia o juzgamiento previos, dejando de lado todo tipo de conceptos.

Cuando observo la realidad sin ningún tipo de juzgamiento, cara a cara, tal cual es, llego a determinadas reflexiones absolutamente significativas, mismas que, aunadas a la experiencia –fruto de mi interacción inevitable con la vida– y bajo la luz y guía de la meditación, me permiten llegar a la comprensión. Cuando comprendo, soy incapaz de sufrir. Y cuando soy incapaz de sufrir sólo puede suceder una cosa: que el dolor de paso a la plenitud, la paz, la serenidad, la dicha. De este modo, los cinco consejos para la vida son un camino, una ruta segura hacia la comprensión, hacia el no sufrimiento, hacia la plenitud y la dicha.

Los tres primeros consejos son la base fundamental. Cuando alguno de ellos falla, entonces se genera el embotellamiento en el pasado, pero incluso ahí es posible pasar al otro lado del río y dejar fluir el río. Sin embargo, cuando todavía aquí falla algo, entonces todavía queda un camino, una salida: perdonar.

5.1. PERDONARSE A SÍ MISMO

Cuando abro los ojos y veo me doy cuenta que los seres humanos no somos perfectos y, muy al contrario, eventualmente, fallamos, dudamos, caemos o hacemos caer, etc. Esto es algo muy real, entonces, si tal es la situación ¿por qué no habríamos de permitirnos fallar? Esto no significa que debamos fallar en forma indefinida. Por otra parte, no hay decisiones equivocadas, no hay decisiones incorrectas. Lo incorrecto habría sido no tomar alguna decisión pues, tomar decisiones, hace parte de nuestro proceso de aprendizaje. Toma tus propias decisiones; si aciertas, estabas en lo correcto; si no aciertas, aprendiste, y el aprendizaje también es algo correcto.

Perdonarse a sí mismo no significa no culparse cuando es debido. Y culparse cuando es debido no significa no perdonarse. Uno puede reconocer que ha tenido la culpa en algo y ni siquiera tener odio consigo mismo, ni siquiera surgir la noción de que debe perdonarse. Uno ve la culpa que hay en uno y simplemente aprende y corrige. No hay nada de malo en ello y, de hecho, resulta absolutamente provechoso.

Uno podría argumentar que es algo que no debía haber sucedido y, aunque es posible, sólo es parcialmente verdadero. Es decir, puede que no debiera haber sucedido en el momento en que sucedió, pero si sucedió es porque la vida misma —en su dinámica— lo ha permitido, porque era una de sus posibilidades. Así es la vida, es lo que hay, y no hay aberración en ello. No te laceres.

La vida es libre en su movimiento. Allí se abre una flor y más allá se marchita una hoja. La vida es variable, diversa, no hay una regla fija que asegure nada y, a lo máximo, lo que puedo hacer es dar lo mejor de mí. Y lo que has dado es lo que podías dar en ese momento específico. Posiblemente ahora puedes dar más, pero para ese momento es lo que podías dar. O ¿acaso no diste lo mejor de ti en forma intencionada y premeditada? ¿Mataste a propósito? ¿Heriste a propósito? ¿Fuiste negligente a propósito? En tal caso, hay dos opciones: que estés arrepentido, y que no estés arrepentido. Si no estás arrepentido, entonces eso no te generará dolor psicológico y, en tal caso, para ti devendrá como irrelevante. Pero si estás arrepentido, entonces ya has conseguido mucho, ya el aprendizaje se ha obrado —y todo aprendizaje tiene un costo. Aunque no siempre es necesario aprender con dolor—. Por supuesto, es lamentable que haya sucedido de una mala forma y ahora —independientemente del juicio del mundo— deberás retribuirle a la vida lo que le has negado, no para buscar ningún tipo de perdón —que puede suceder o no—, no para que el otro se sienta en paz, sino para que tú mismo estés en paz contigo mismo, para que limpies tu conciencia, para brindarle sociego a tu vida.

Por lo demás, esos son "gajes del oficio", es decir: situaciones inherentes a algo, como que se desgaste la rueda entre más se disfrute el auto, como pincharse el dedo recolectando rosas.

Si abro los ojos y observo me doy cuenta que la vida es libre en su movimiento. Allí se abre una flor y más allá se marchita una hoja. Si una flor se abre y florece, y expande victoriosa sus pétalos, es porque la vida misma lo ha permitido. Y lo ha permitido porque esa es la misma dinámica de la vida. Si una flor se marchita y cae, y sus pétalos se hacen ceniza, es porque la vida misma lo ha permitido. Y lo ha permitido porque esa es la misma dinámica de la vida, porque era una de sus posibilidades. Si eso no entrara dentro del espectro de sus posibilidades, entonces no habría sucedido, porque de plano era inviable.

Es verdad que uno debe reconocer su propia culpa, pero para corregirla, no para lacerarse, para herirse, para odiarse, para no permitirse perdonarse. Al corregir aquello en lo que he tenido culpa, evito seguir en la cadena del sufrimiento. Después de todo, de eso se trata, de no sufrir. Sin embargo, si veo la culpa en mí y me lacero ¿qué logro? Estoy sufriendo. Y si veo la culpa en mí y lo corrijo ¿para qué lacerarse? El aprendizaje ya está hecho. Y si veo la culpa en mí y ya no hay como corregirlo ¿para qué lacerarse? Si veo la culpa en mí el aprendizaje ya está hecho. Y si me arrepiento (producto de haber comprendido) el aprendizaje ya está hecho. Cada una de estas situaciones, cada uno de los posibles de la vida, hacen parte de la misma dinámica de la vida.

Si necesitas perdonarte es porque ya no eres un ogro con los demás —porque te hiere el hecho de haber herido—, y eso ya es haber dado un gran paso, eso es ser humano, eso es estar vivo, tener sangre en las venas, eso es respirar y soñar. Y al perdonarte, dejas de ser un ogro contigo mismo. Y si dejas de ser un ogro contigo mismo, entonces ya no lo serás más para con los demás, y eso ya es haber alcanzado el logro, independientemente de las consecuencias que se deban de afrontar pues, toda acción implica consecuencias, pero esas consecuencias también hacen parte del proceso de aprendizaje. Si necesitas perdonarte, has dado un gran paso; y si te perdonas, lo has completado y has ido más allá. Pero si no te perdonas, entonces la violencia que sufre tu ser podría, eventualmente, expandirse fuera de ti y herir a alguien más y, a menos que estés decididamente demente, no es lo que quieres, así que perdónate, al hacerlo, te liberarás. No importa que el mundo no te perdone pues, más allá de sus razones, eres tú quien necesita perdonarse, eres tú quien necesita paz.

5.2.   PERDONAR A LOS DEMÁS

Cuando abro los ojos y veo me doy cuenta que los seres humanos no somos perfectos y, muy al contrario, eventualmente fallamos, dudamos, cambiamos, caemos o hacemos caer, etc. Esto es algo muy real, entonces, si tal es la situación ¿por qué no habríamos de permitirle fallar a los demás? Cuando uno comprende eso, entonces es menos cruel hacia los demás. ¿Ves que no permitirle fallar a los demás es una forma de crueldad? Si logras verlo, entonces juzgarás de manera menos severa.

En la mayoría de las situaciones los demás no nos hieren porque decididamente sean unos malvados, sino porque han sido arrastrados por la dinámica del mundo, de la sociedad, del consumismo, de la supervivencia, etc. Pero, incluso en los pocos casos en los que una persona nos hiere a propósito, dicho actuar hace parte de la naturaleza humana. Los seres humanos no somos perfectos y, muy al contrario, eventualmente fallamos, dudamos, cambiamos, caemos o hacemos caer, etc.

Cuando uno comprende esto entonces se da cuenta que esa es la dinámica de la vida y que no hay nada que perdonar. O, en el extremo de que si haya algo que perdonar, uno perdona para no herirse.

Pero no sería posible un perdón legítimo sin comprensión. Y la máxima comprensión en estos casos surge del hecho de observar la vida y todos los posibles de la vida, del hecho de comprender que la vida ofrece tanto paz como violencia. Vivimos en un mundo violento. Diariamente miles de personas sufren de violencia así que la posibilidad que me alcance a mí en algún momento es muy real o, ¿acaso tengo algún tipo de inmunidad?

De hecho, si abro los ojos y veo, puedo darme cuenta que la violencia muy frecuentemente cae sobre los que no debiera, sobre el pacífico, sobre el inocente. Y ¿a quién culparía de ello? Esa es la dinámica de la vida. Posiblemente he visto la violencia del mundo pero ¿he visto la violencia que surge de mí? Esa violencia puede ser una palabra o un silencio, una mirada, un gesto, una ausencia, etc. Si esa violencia ha caído sobre el pacífico, sobre el no violento ¿qué razón habría para que no cayera sobre mí? Esa violencia puede ser de cualquier índole. Traicionar es violencia, insultar es violencia, no ayudar es violencia. Eventualmente alguien podría herirme, insultarme, no ayudarme, abandonarme, ignorarme, etc. Y hace parte de la dinámica de la vida. Lo extraño sería que no sucediera, lo extraño sería que todo el mundo me amara. Y que todos nos amen, eso no sucede. Así que el hecho que eventualmente alguien no nos ame es algo muy normal, natural. ¿Ves cómo todo esto hace parte de la dinámica de la vida? Entonces, cuando alguien ejerce violencia contra mí, más que sentirme resentido, comprendo. Y al comprender no se genera malestar en mí, ni resentimiento, ni ira, ni conmoción, ni revanchismo, etc. Al no generarse todo ello en mí, naturalmente tampoco sufro. Puede que el otro deseara verme descompuesto, hundido, pero si comprendo, no logra su objetivo. Pero no me descompongo por el hecho de lograr ver cómo el otro sufre porque no logra su objetivo. No me descompongo simplemente por el hecho de que comprendo que todas esas situaciones difíciles hacen parte de la dinámica de la vida, de la interacción social, de la supervivencia, etc.

Y si eventualmente esa persona me pide perdón le digo que no hay nada que perdonar, no por lucir como un gran ser, como un iluminado, como el maestro del autocontrol; sino que le digo que no hay nada que perdonar, porque así es. Dicho de otro modo, uno no tiene que perdonar a nadie porque nunca ha habido nada que perdonar.

Esto no significa que uno deba seguir con un odio tácito, con un escondido deseo de revancha porque, si eso sucede, entonces significa que no he comprendido. Ese mismo odio, esa misma ira me lastima, me lacera, me carcome, me envenena, amarga mis días y no me permite vivir en paz. Y uno no debe sufrir, uno debe vivir en paz. Si deseas verlo de ese modo, entonces uno sí debe perdonar, perdonar no tanto por el otro, sino por uno mismo, porque uno merece ser feliz, porque uno merece vivir en paz, porque cuando no se perdona entonces viene la enfermedad.

Pero ese perdonar —realmente nunca hay nada que perdonar— no significa que de súbito pase al otro extremo. En ocasiones inclusive será más saludable la distancia, no porque exista odio, sino porque es un proceso interno que, eventualmente, lo requiere. Perdonar no significa que de inmediato se pase a amar. Las cosas no suceden así.

Y de hecho, no hemos hablado de amor. Y tanto amor como odio son sólo dos extremos, y ambos —si no surge la comprensión— generan adherencia. Y, a la postre, hay dos tipos de amor, el uno es restrictivo, el otro es expansivo. El uno sólo ama a unos pocos, o a una persona, y dice "eres mío", "eres mía". El otro ama a la totalidad de la existencia y deja en plena libertad pues comprende que el amor no es posesión, sino un vuelo compartido.

No hemos hablado tampoco de felicidad, misma que surge cuando no hay sufrimiento, cuando no hay dolor, cuando no hay perturbación mental, ansiedad, escozor, estrés, ira, rencor, etc. Cuando algo así ocurre, entonces nuestra vida se ilumina, se llena de fragancia, ocurre un florecer, ocurre un jugar sin propósito, un disfrutar de la vida sin motivos. Es como si por primera vez lográramos vivir, como si por primera vez lo hiciéramos de una forma verdadera, sin esperar, sólo fluyendo; sin culpar, sin aferrarse, sin vivir en el pasado, sin rencores, sin lacerarnos, sólo viviendo este instante como una totalidad en el que la eternidad confluye. Vivir así es haber alcanzado nuestro destino, vivir así es ser testigos de que en la vida hay magia.

Made in the USA
Columbia, SC
13 February 2024

31350180R00069